歴史文化ライブラリー

356

家庭料理の近代

江原絢子

吉川弘文館

目 次

料理教室・料理学校の誕生と発展

女学校の調理教育

日々の食卓重視へ――プロローグ

格差の大きな食生活

江戸時代から明治時代までの食生活を一言で語ることはきわめて難しい。なぜならどのような状況の食事であるのかにより、その内容や規模は大きく異なるからである。まず誰もが思いつくのは、身分、社会階層による差である。武士、長屋に住む町人、百姓などの食事はかなりの差があると想像される。けれども簡単に身分差だけではその食は語れない。水呑百姓《みずのみびゃくしょう》といわれた階層でも廻船《かいせん》商人として金融業を営み、富を築くものもあった。

長岡藩領の庄屋の例でみると、小作人が酒や料理を振る舞われ、仕事を休み、くじ引きやかるた遊びなどして楽しむ様子が記録されている。そのような休日の楽しみはひと月に何度もおこなわれている。こうした例は他地域でもみられる。

いっぽう、一〇万石の大名であった松代《まつしろ》藩真田幸弘《さなだゆきひろ》が、江戸中屋敷で隠居した時の享和元年（一八〇二）の日常の食事は、時々小鯛や鰈《かれい》など魚の焼き物があるが魚介類は少なく、野菜や豆腐を中心とした一汁一〜二菜の食事であった。

また同じ武士でも下級武士である紀州藩酒井伴四郎の例でみれば、江戸の勤番《きんばん》長屋に住んでおり、七月のある日は、昼ご飯に昆布の残りをおかずにし、夕飯は茶漬けなどと長屋の町人のくらしと大きな差はみられない。しかし、時には、鮪《まぐろ》のあらや、鰯《いわし》目刺、穴子、鯖《さば》、秋刀魚《さんま》、鮭《さけ》など魚を購入し、酒を嗜《たしな》んでいる。そればかりでなく、蕎麦はもとより、鮨《すし》、泥鰌《どじょう》鍋、鰻《うなぎ》などの外食も楽しんでおり、変化の少ない幸弘の食生活より見方によっては豊かであろう。こうした例からみても身分の違いからだけで、食事の内容は決められない。

多様な食材が手に入った江戸や大坂の大都市と農村部の食生活には差があったことも考えに入れなければならないが、さらに大きな差がみられるのは、日々の食事と婚礼や行事など特別な日の食事である。

先の幸弘の誕生日の食事は、日々の一汁二菜《いちじゅうにさい》の食事とはうって変わって豪華である。

儀礼の食事として典型的な本膳《ほんぜん》料理形式の食事が出されているが、その前に酒礼として酒と酒肴《しゅこう》が用意され、二の膳つきの料理に続き、さらに酒宴がはじまればその酒肴が数種類用意される。食材には、鯛、串貝、海老、平目、鮑《あわび》、蒲鉾《かまぼこ》など多種類の魚介類が使われる。

江戸時代後期には、農村部の名主の婚礼も武家の料理形式に類似した本膳料理形式で供されるようになる。飛騨国のような山間部の婚礼でも酒礼、本膳料理、酒宴の流れが定着した。海から遠く離れた飛騨国や三河国の名主の家でみても、食材に鯛、海老、平目、鯔《ぼら》、小貝など海魚類が使われている。家の威信を示す、家の外に向けた食事は、日々の内々の食事とは大きく異なっていた。

そのうえ、日々の食事は、「飯」（米とは限らず、麦、雑穀の飯も含む）が文字通り主食であった。江戸の町でも一人一日四合（約五六〇グラム）程度食べており、農村部はそれ以上のことも多い。そのため、おかずは煮物か焼き物など単純な調理で事足りたのである。こうした食生活の傾向は、明治期になってもすぐには変化したわけではない。明治後期になり、社会が変化することにより、少しずつ日常の食事にも変化がみられるようになる。

江戸時代と明治以降の料理書

それまで秘伝であった料理書は、江戸時代になってはじめて不特定多数の人々を対象に出版された。これにより、料理の幅が広がっていくきっかけとなり、一般の人も料理の作り方を知ることができるようになった。はじめての出版料理書『料理物語』（一六四三）から、少しずつ料理書が出版され、江戸中期から後期には、出版数が増加し、食材別料理書である「百珍物」の数々、高級料理屋で知られる八百善《やおぜん》の刊行した料理書『江戸流行料理通』、菓子製法書などが出版される。

これらの料理書は、刺身、和《あ》え物、膾《なます》類、煮物、焼き物、揚げ物などの調理法を用いた多様な料理だけでなく、調味料も食材にも工夫を凝らし、遊び心も加えた料理を掲載している。

これらの料理書の料理を再現してみると、現代に紹介したい簡単でヘルシーな工夫された料理が多くみられるが、掲載された料理は、生活にゆとりある人びとが、遊び心を持ってひもとくものであり、饗応料理への応用や料理屋の酒肴のヒントなどが中心で、家内の日々の料理を充実させるための内容とはいえなかった。

ただ、確認できた料理書の中では唯一、家内の女性向けに日用の料理について出版され

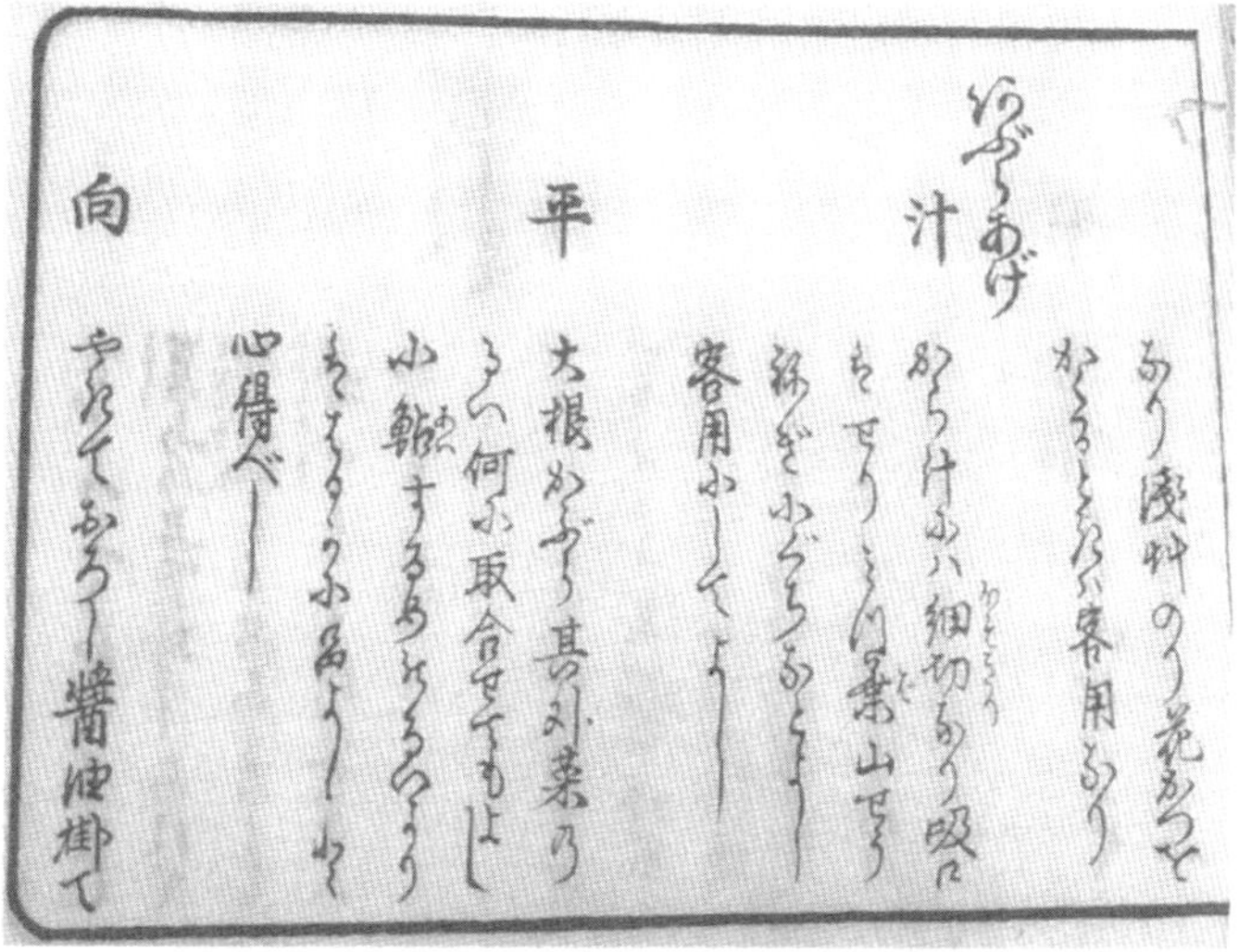

図1　『年中番菜録』（東京家政学院大学図書館所蔵）

たことがはっきりしているものがある。幕末に出版された『年中番菜録《ねんじゅうばんざいろく》』（一八四九）がそれである。番菜（惣菜）は日用のことではあるが、新婦だけでなく古女房や賄《まかな》い女でも時には思いつかずに困ることがあるので、ヒントになるものをまとめたと、出版の目的を記している。ひじきと油揚げの煮物、こんにゃくの煮しめ、油揚げの焼き物など現在の惣菜に出てくるものも多い。しかし、材料ごとにそれを用いた料理の紹介があるものの、一日三食の献立（組み合わせ）としてみる視点はみられない。

　このような江戸時代の料理書に対し、

明治以降になると、翻訳の西洋料理書が出版され、それまでの料理書にはほとんどみられなかった日常食への視点が強化されるようになる。

明治三十年（一八九七）以降になると、饗応料理を中心としたものから家庭の日常食を中心とした料理書が数多く出版され、やがて料理書の主流になっていく。それらの料理書の変化に影響を与えたのは、西洋料理書に示された一日三度の食事への関心であった。

幕末から明治期にかけて西洋料理に出会った人びとの多くは武士や政治家など社会の上流にある人びとで、外国人を招いたり、招かれたりという饗応の場であることが多かった。そのため、フランス料理の饗応料理など専門のコックが作る料理が多く、そのまま一般の食生活に取り入れる性格のものは少なかった。しかし、西洋風を取り入れたいという動きのなかで、牛鍋のように西洋料理そのものではないが、牛肉を食べることに「文明開化」を感じ取ろうとする動きが盛んになる。家庭で作るまでにいかないまでも西洋料理を知りたいという気持ちが料理書の刊行を促し、その内容が次第に影響を与えることにもなった。

本書で扱うテーマ

西洋文化の影響を大きく受ける明治時代になるまで、日常食への視点がきわめて薄かったのは、前述したように、飯など主食が食事の中心であり、日々のおかずにバラエティーを求める必要もなかったことが主要な要因のひとつであろう。しかし、西洋文化を積極的に取り入れることを経験するなかで、日常のおかずに関心が向けられることになった。

幕末から明治にかけて日本に影響を与えた食に関する西洋文化の影響は、食材や料理だけではない。西洋医学・生理学、後の栄養学が与えた影響は大きい。江戸時代後期の思想家三浦梅園《みうらばいえん》著『梅園拾葉《ばいえんしゆうよう》』（一七八二）、蘭学医杉田玄白《すぎたげんぱく》著『形影夜話《けいえいやわ》』（一八〇二）、同高野長英《たかのちようえい》訳『西説医原枢要《せいせついげんすうよう》』（一八三二）では、すでに「栄養（または営養）」の訳語が用いられている。たとえば、三浦梅園は、「営養とは、提灯の蠟燭《ろうそく》を具ふるが如し……其営養といふものは、飲食胃に入り……」と、営養の解説をおこなっている。また、松本良順《まつもとりようじゆん》『養生法』も西洋医学に基づいたものである。栄養学が医学から独立した一学問分野となるのは大正時代前後といえるが、江戸時代後期から、食物を西洋近代の自然科学的視点からみる萌芽があったといえる。さらに、衛生に関する知識と応用も家庭料理を発展させる上に影響を与えた。

本書では、西洋文化が導入された幕末以降の食事情をひもときながら、日常の食事への関心が次第に各家庭に向けられ、それまで主要であった炊飯や簡単な煮物に加えて、西洋風にアレンジされた料理や、肉類やじゃがいもなど西洋料理に多用される食材を和風料理に応用したものなど、新しい料理と料理技術が家庭内に入っていく様子を追ってみたい。

家庭料理に新しい料理や技術を取り入れたきっかけとなったものとして、学校教育や情報社会での雑誌や料理書などがある。それらの実情をできるだけ具体的に描いてみたい。

「家庭」は、明治初期から使われるようになったことばと思われるが、その意味の一つに「家の内」「家内」などがある。本書で「家庭料理」という場合、人びとが日常的に家の内で調理し、食す料理と考えておきたい。

また、「和食」も「洋食」に対する近代以降のことばであるが、「日本料理」とのちがいは必ずしも明確ではない。本書では、「和食」をやや広い意味にも用いている。すなわち、洋風料理が使われても、飯を主食とした一汁二菜などの食事は、「和食」としている。牛肉などの食材を利用しても醬油、味噌などで調味し箸で食べるものは、「和食」とし、資料にある場合は原則「日本料理」としている。折衷の程度によっては「和風料理」としているところもあるが区分はそれほど明確ではない。

新しい料理への目覚め

西洋料理に出会う

ペリーからの饗応

日本人が西洋料理らしいものに出会うのは、ポルトガル人が来日して以降ともいえるが、ヨーロッパやアメリカなどの料理を経験するのは江戸後期以降であろう。長崎を旅した司馬江漢《しばこうかん》が、「牛の生肉」を宿で食べたことは、天明八年（一七八八）十月二十六日の日記にある。江漢は、オランダ風料理として、山羊、小鳥を焼いてボウトル（バター）をつけたもの、醬油をつけたものなどや夜食に豚肉の煮物を食べて「至ってうまし」と評している（『江漢西遊日記』）。

ペリーが浦賀に来航し翌年の嘉永七年（一八五四）三月、日米和親条約が調印される前後になると、西洋料理に接する機会はさらに増えることになった。

図２　武州横浜於応接所饗応之図

嘉永七年二月十日に本膳料理《ほんぜんりょうり》で饗応を受けたペリー側が、同月二十九日（陽暦三月二十七日）、ポーハタン号の船上でお返しに開いた饗応は、船上で飼育していた牛や羊、鳥とハムや野菜、魚、果物をふんだんに使った大量の料理であった。招待された七〇人の日本人は、ワインやシャンペンをおおいに飲み、余った食物を懐紙に包んで持ち帰ったと、ペリーは、『ペリー提督日本遠征記』のなかで軽蔑をこめた書き方で記している。ペリーは、横浜応接所において饗応された日本式の本膳料理には満足できなかったようで、アメリカの食事のすばらしさを見せつけるために饗応したとも記している。

大坂城のフランス料理

最後の将軍徳川慶喜《とくがわよしのぶ》は、大坂城において慶応三年（一八六七）三月から四月にかけて、イギリス、フランス、オランダ、アメリカ、プロイセン（ドイツ）の五ヶ国の公使とそれぞれ個別に会見し、フランス料理で饗応する計画を立てた。報告書「京都報告　各国公使上坂拝謁御手続」（『藤岡屋《ふじおかや》日記《にっき》』）によれば、五ヶ国に対する饗応の計画であったが、アメリカとプロイセンはまだ到着していないと記されており、実際には、イギリス、オランダ、フランス、アメリカの四公使に対しての饗応であったようだ。最初の饗応相手のイギリス人公使ハリー・パークスへのフランス料理の饗応献立が残されている。

日本人の会食者数ははっきりしない。年寄《としより》、若年寄《わかどしより》、大目付《おおめつけ》、外国奉行《がいこくぶぎょう》、御目付《おめつけ》、大坂町奉行《さかまちぶぎょう》などが同席しているので、彼らもフランス料理を体験したのであろう。フランス人の料理人を頼み、酒飯具を借り、パン用竈《かまど》は内庭にしつらえ、料理場と化した廊下で料理が作られた。特別な食事を調整するために、にわか造りの調理場が城内に用意された様子をみると、これらの料理がいかになじみの薄いものであったかがわかる。

献立は、徳川慶喜の曾孫徳川慶朝《よしとも》氏の紹介献立と少しずつ表記が異なるが、前述の資料の表記に従って記してみると、次のようにきわめて多彩である。

鶏之汁物　魚

ブーセーアフベシャンル（麦の粉製物）

プヒンードボウ（但、牛肉並芋）

シツプレームドランートボライ（鶏腋《ママ》）

サルントキメリーフ（但、小鳥）

スピーフ（但、牛肉）

アイユーベコンータ（但、鳥ニ鴨）

クルトシヤンピヨン（但、椎茸《しいたけ》製之物）

アリエベールラ
メートルドラル（但、鞘隠元豆《さやいんげん》）
ペラボアソテー（但、豌豆《えんどう》）
アスペルジユ（但、独活《うど》之類）
シヤンホントリユ（但、乾肉）
ハテートホライ（麦粉肉製之品）

以上は、「飯台」に据置分とあるから、コース料理というより、本膳のように一度に置かれたのであろうか。また、続いて菓子が記される。

フーデアラギブロタート（カステイラノ類）
シ、リユヌトフリー（カンテンノ類ひ）

さらに、飯台に据え置きするものとして、下記に菓子が続く。

メレンゲアラシヨンテイ
ヌガー（同断）
ラランジー（ママ）（但、蜜柑《みかん》、此品同断）
ホアール（但、季子（ママ）　此品同断）

レーサンシスカー（但、葡萄《ぶどう》、同断）
アヒーゲ（此品同断）
プリノー（但、梅漬之類、右同断）
グラゼー（但、五色豆之類、同断）
ハヒヨット（但、拘包《ママ》之類、同断）

＊徳川慶朝『徳川慶喜家の食卓』では、菓子にヒスクイガラセーヲキルヂーが加わっているが、この資料にはみられない。

さらに、料理中に出された酒類五種として、セリー、ボルドー、コットロヂー、シャンパン、フロシチヨンが出されている。食事が終わると、別室でコーヒー、巻きたばこ、リキュール、酒九種、その後に菓子が出されている。

この様子をパークス公使の秘書となったアーネスト・サトウも記しているが、興味深いのは、饗応以前の記述である。大坂に着いたアーネスト・サトウは、役人の配慮により、宿舎を用意され、人々の好奇の目を尻目に心斎橋筋《しんさいばしすじ》を歩き楽しみ、世話人の薩摩藩の小松帯刀《たてわき》、吉井幸輔《よしいこうすけ》（友実《ともざね》）を昼食に招いている。招かれた二人は、脂肪の多い肝《きも》のパテをうまそうにぱくつき、薄い色のビールを飲みほし、上機嫌になりすぎて徳川家臣に密会がばれないかとサトウはハラハラしている。会津藩の家老梶原平馬《かじわらへいま》などもシャンペン、ウイスキー、シェリー、ラム、ジンを瞬きも尻込みもせず飲みほし、二日後の昼食でもシャンペンと缶詰の肉を平らげたとあることからみると、当時外国人に接していた上流階層には、西洋料理を口にするのを躊躇《ちゅうちょ》しなかったようにみえる。

伊藤俊輔が接待した洋風料理

本格的な西洋料理ではないが、上記時期よりやや早く、萩藩士伊藤《いとう》俊輔《しゅんすけ》（後の伊藤博文《ひろぶみ》）が、アーネスト・サトウのためにヨーロッパ風の食事を用意している。萩藩が外国船を砲撃した下関事件（一八六三年）の報復を知った伊藤及び井上馨は、密出国して留学したイギリスより急ぎ帰国した。しかし、彼らが説得したにもかかわらず、元治元年（一八六四）八月、英・仏・米・蘭の四連合艦隊により萩藩下関《しものせき》は砲撃され惨敗した。その後、萩藩との講和協定が締結された。これは、その頃の下関での饗応である。アーネスト・サトウの日記『一外交官の見た明治維新』によると、まず伊藤は食卓を作り、その上に布をかぶせてテーブルクロスとし、ナイフと真鍮《しんちゅう》のスプーンを置き、一対の箸を添えた。四品を出しているが、最初はロックフィッシュ（くろはぜ）料理で、これは切るのに苦労したという。二番目は鰻《うなぎ》を焼いたもの、さらにスッポンのシチュー、この二つはとても美味しかったという。そのあとの煮《に》鮑《あわび》と鶏肉の煮物はお話しにならなかったとある。

食卓には、米飯を盛った大丼、粗塩《あらしお》を入れた小皿、醤油などが置かれた。また、米で作った甘いビール（みりん酒）に漬けた未熟な柿の皮をむいて四つ切りにしたものも素敵に美味しく、日本の地方で洋風の食事を出した最初のものだったに違いないと記している。日本にある食材を使い、醤油で調味した洋風料理の工夫が比較的早くから試みられていたといえる。

おそるおそる食べた肉食

前述の例は、武士など外国人に直接接触する機会のある人びとであり、一般的な話ではないことはいうまでもない。下級武士や町人など一般の人はどうだったのか。維新前後のことを幕末古老から聞き取りで綴った篠田鉱造《しのだこうぞう》著『幕末百話』から肉食のことをみてみたい。

明治後期には、牛肉はその匂いも旨さもたまらないほどだが、ご一新前は、牛肉を食べるのは精根の尽きた病人くらいで、薬のため、鼻の穴に栓をして食べた後は、神様、仏様に参るのを「ご遠慮を申し上げた」という。万一家の中で食べるとなれば、神棚、仏壇に目張りをした上、肉を煮た鍋は、庭の真ん中に持ち出して、煮え湯をかけて二日間も晒《さら》したという。彦根藩が将軍家や御三家に献上したことで知られている牛肉の味噌漬けも、薬

図３　山鯨屋（「びくに橋雪中」『江戸百景』）

としての位置づけであったから、これを晩飯のおかずなどにすることはなかった。ゴマの油で炒めて食べたが、においがいやで、味噌漬けももらったことがあったが牛肉だと聞いただけで食べる気はしなかった。また、肉を食べると火を汚すというので煙草ものまなかったという。

しかし、両国駒止橋のところに獣肉茶屋（けだものぢゃや）があって、もみじやともいい、そこでは猪、豚、猿、狐、鹿など何でも食べられたという。ももんじやともいった。薬食《くすりぐ》いにするといって買えば、二朱（一二銭五厘）で大皿にいっぱいあったという。女性たちは嚙んでみて「オオいやだ」とはきだしたものだ。しかし、今（明治三十年代）は牛肉屋や軍鶏《しゃも》屋で一杯という女が多くなったと述べている。

さらに、豚肉については徳川慶喜が食べたということで、江戸では、維新前にこれを食べることが流行したという。豚を召し上がる一橋《ひとつばし》様ということで「豚一様《ぶたいちさま》」とも称したという。前述の慶朝氏の本では、大奥などでは汚らわしいと惨憺たる評価だったというが、一般には「将軍様すら召し上がるんだから、皆食べても差し支えない」と歓迎された様子がうかがえる。

上野広小路松坂の横町（大門町）に豚屋《ぶたや》があり、鍋一枚が天保銭《てんぽうせん》一枚であったが、切り餅をもっていって煮て食べるととても柔らかく、汁もこってりとなって美味しかったが、鍋につくので豚屋がいやがったという。それほど一般的ではなかったが、西洋料理としてというより薬食いにつながる肉食から西洋料理につながる牛・豚肉への嗜好の習慣が少しずつついていくことになったといえよう。

流行の牛鍋店

江戸時代の肉食禁忌《きんき》思想にもかかわらず、薬食いとしての肉食は続いていたが、幕末には、西洋の近代科学の視点からこれを説明する方向も出てきた。西洋医学の台頭である。安政四年（一八五七）、オランダ海軍軍人カッテンディーケ、同軍医ポンぺらが海軍伝習教官として長崎に来航した。ポンぺから医学を学んだ一人が幕府医師松本良順《まつもとりょうじゅん》である。良順は、元治元年に『養生法』を著した。その内容は西洋医学にもとづいたものであった。肉食については、獣肉は消化しやすく養分を多く含み、

図4　仮名垣魯文『牛店雑談　安愚楽鍋』
（東京家政学院大学図書館所蔵）

「よく良血を生ずる」と説明し、鶏卵の成分として水分、蛋質、エキス物、脂油などの記述がある。獣肉・卵の栄養的評価は、薬食を理論的に後押しするものでもあった。

　仮《か》名《な》垣《がき》魯《ろ》文《ぶん》著『牛店雑談　安愚《あぐ》楽《ら》鍋《なべ》』三編五冊（一八七一〜七二）は、当時流行の牛鍋店を舞台に、そこにやってくるさまざまな人を描きながら文明開化を語っている戯作《げさく》である。

　牛鍋店の客は、さまざまで、田舎武士、商人、人力車の車夫《しゃふ》、職人、落語家、文人《ぶんじん》、儒者《じゅしゃ》などだけでなく女性の客も描いている。娼妓《しょうぎ》、茶店娘《ちゃみせ》のほか、近代風に髪を切った「切りかみの奥様」なども絵に描かれている。実際の記録ではないが、当時の人びとがめずらしがって牛鍋店に出向いた様子がうかがえる。

その牛鍋は、挿絵をみると火鉢に鍋が出されているが、原則一人にひとつずつ出されている（図4）。女性が二人いてもひとつの鍋という場合もあるが、男性客二人には、それぞれひとつずつの鍋が火鉢とセットで用意されている。葱《ねぎ》と肉を醬油や味噌味のたれで煮るものや生の牛肉の薄切りをわさび醬油で食べるなどの記事もあり、「生の最上をすき焼き種とし」、すき焼きを食べたあとに、小口切りねぎに熱湯をかけて食べると説明したところもある。いくつかの食べ方・調味があったようだ。

西洋料理店と西洋料理書

『東京新繁昌記《とうきょうしんはんじょうき》』では、西洋料理店は外国人が利用するだけでなく役人、華族など上流階層、農工商などさまざまな階層が利用していると述べている。西洋料理店として知られた店として精養軒《せいようけん》（築地入船町）、萬国亭（尾張町）、三河亭（神田三河町）、萬林楼（日本橋品川町）をあげている。コース料理は、五〇銭から三円や五円までかなりの幅があった。

精養軒では、テーブルクロスのある食卓が部屋の中央に設《しつら》えられ、客は椅子（胡床《こしょう》）に座り、テーブルには、フォーク、ナイフ、スプーンが載っている。まずパンが出され、スープ、肉、魚料理が順に供される。また、食事マナーも記されている。

明治五年（一八七二）、はじめての西洋料理書が二種刊行された。敬学堂《けいがくどう》主人著『西洋料理指南』（上・下）および仮名垣魯文編『西洋料理通』（上・下・後編）である。いずれも翻訳料理書である。前者の原本は明らかにされていないが、後者は、横浜在留のイギリス人に雇われた使用人の手控え帳を翻訳したとされる。これらの料理書には、のちに一般の家庭で折衷料理を日常にとりいれ、日々の料理に変化を求めようとする萌芽となると思えるものがみられる。

大きな特徴は、体力の増強と西洋料理の関連を強調した点にある。『西洋料理指南』の序文では、食は生きるために欠かすことができないとあり、とくに牛・羊・鶏・豚は「純良な血液」を作るもので重視すべきとしている。従来日本では植物性食品中心の食生活であったために、動物性食品への知識が乏しいので、外国からその知識を学び強壮な身体を作ることが国家に報じることにつながるとしている。

また、『西洋料理通』の序文・凡例には、健康でなければ報国の志弱く、長生きもできず命は食物と関わるとあり、日本の人びとにかの国（イギリス）の調理を伝習することが目的と記している。

いずれも「報国」のために動物性食品を加えた西洋料理を取り入れることを重視し、そのための調理知識を伝授することを目的としている点にそれまでの料理書にはみられない特徴がある。

また、『西洋料理指南』には、一日三度の日常の食事方法を妻や使用人に伝えることを重視しており、それまでの日本にはまれであった日常食への視点がうかがえる。

朝飯《アサメシ》
パン　或ハビスケット　牛酪《キユウラク》（バター）
半烹《ハンニ》卵
冷肉《ツメタキニク》《レイニク》等ヲ用ユベシ
「チヱー」茶ニ牛乳ヲ加ヘ砂糖《サトフ》ヲ加ヘ用ユベシ即チ飲物《ノミモノ》ニシテ我カ茶《チヤ》ト等シ
午飯《ヒルメシ》
パン　牛酪
蠣《カキ》

脂煮《アブラニ》ノ魚《ウヲ》
雑部《ザウ》ノ中ノ魚
焼肉《ヤキニク》
野菜《ヤサイ》ノ部《ブ》中二三品
「カヒー」又茶《チヤ》　牛乳《キユウニウ》　砂糖《サトフ》
晩飯《バンメシ》
パン　牛酪
羹汁《スープ》（スープ）　一品
煮魚《ニウヲ》　一品
雑《サウ》ノ部《ブ》ノ中ヨリ　一品
烹肉《ニニク》或ハ焼肉《ヤキニク》　一品
焙肉《ヤキニク》　一品
野菜《ヤサイ》ノ部《ブ》ヨリ　三品
菓子
「カヒー」茶《チヤ》　牛乳《キユウニウ》

上記の品を好みにより選びて献立を考えるとよいとしている。江戸時代の料理書のほとんどは、日常食に視点を当てたものではなく、饗応料理のヒントとなる料理が多い。日常の朝、昼、晩の三食を計画的に構成する視点は、料理書の中にはほとんどみられない。

また、西洋料理書がこれまでの江戸時代の料理書と異なる点は、材料の分量や加熱時間などがかなり細かく明記されていることである。江戸時代の料理書では、材料や作り方はあっても分量は、菓子・漬物類を除きほとんど記されていないし、時間は、「半時ばかり」などが時々みられる程度である。一般の家庭向けではなく料理人などある程度経験ある者が想定されているためであろう。

分量は、牛肉一斤、牛の乳一合のように尺貫法に換算されて訳されているものが多いが、大匙《おおさじ》、小匙については西洋の尺度である。また、時間については西洋半時間、二時間などのほか、「ミニユート」（分）とそのままに訳されている。当時の人びとにとって、西洋風の時間が紹介されても、まだ理解できなかったであろう。

二種とも翻訳料理書のために、まだ日本人には理解できない「分」の概念などがそのまま紹介されているいっぽうで、材料をみると、原本とは異なると思われる材料が記されている。たとえば「ポテトポツデング」（じゃがいものプディング）の材料のひとつにレモンが使われていると思われるが、翻訳では柚子《ゆず》となっている。また、オレンジプディングと思われるものは、蜜柑ポツデングと訳すなど日本にある類似の食材が代用されている。あるいは訳語がなく、身近にある材料名で代用したのかもしれない。

軍隊の洋食

幕末から組織された海軍に兵食に関する規程が定められるのは明治に入ってからで、明治四年、「海軍規則」が制定され、食卓料として階層に応じて一ヶ月ごとの金給が主流となったが、そのために兵員は、余剰金を期待して粗食をしたために、健康が保ちにくいことが問題となった。当時脚気《かっけ》が蔓延《まんえん》して問題となっており、まだその原因がわからなかった時代であった。そこで、明治十七年「艦船営下士以下食料給与概則」が定められ、一定額は現品を購入して与えるよう定め、その食料品を明記した。それによれば、米、蒸餅《ぱん》、乾蒸餅《かんぱん》など主食となる食品に加え、野菜、芋、蘿蔔《だいこん》、胡蘿蔔《にんじん》、漬物、醤油など、日本料理に必要なものも多いが、まだ一般には普及していなかった「牛肉―生鮮或ヒハ貯蔵品、奄牛肉《えん》（塩漬け牛肉）、奄豚肉（塩漬け豚肉）、牛脂《ぎゅうし》、豚脂《とんし》、牛酪（バター）、牛乳」など西洋料理に使われる食材が指定されている。分量などは示されていないが、『日本海軍食生活史話』によると、主食は米飯であるが、副食が洋風であり、従来に比べ、動物性食品が多かった食事だったであろうとされている。全てが西洋料理ではなかったことは、味噌、醤油が調味料にあり、漬物があることからもうかがえる。

この規則制定の直後、海軍医高木兼寛《たかきかねひろ》は、遠洋航海に出た「筑波《つくば》」において白米を排し、肉や野菜を主とした食事に切り替えるよう建言した。その結果、脚気患者を出さなかったことはよく知られている。高木は、たんぱく質不足が脚気を引き起こすと説明したが、おそらく肉、魚、野菜・豆類などに含まれていたビタミンB_1が功を奏したのであろう。

いっぽう、明治十五年、陸軍軍医小池正直《こいけまさなお》らは、兵士の食料を改正するために食事調査をおこない、食事の栄養的内容を外国兵士と比較している。小池は、日本の兵士の食料は、一日精米六合と定められているが、これは日本人の「遺伝性」によるものであって、胃腸も慣れていて多量の米飯を容易に消化できるので、心配するに足りないと述べている。

また、牛肉については、牧畜の発展が不十分で、都会や開港地を除けば未発達であると説明している。そのため食料というより薬であって、顔をしかめて飲み込む者や汚物とみなして忌避する者があるために、兵士の常用食品としても供給は困難であろうと、かなり否定的説明をしている。

しかし、明治十九年内務省衛生研究所がおこなった陸軍士官学校生徒、約三二〇名への食事内容の分析をみると、牛肉を使った左記の記載がみられる。

十一月

朝食　豆腐　葱《ねぎ》　胡蘿蔔《にんじん》　醤油　鰹節　大阪漬

昼食　牛肉　蓮根　醤油　青芋《さといも》　砂糖　沢庵漬《たくあんづけ》

晩食　豆腐　松魚《かつお》　醤油　砂糖　沢庵漬《たくあんづけ》

十二月

朝食　味噌　葱　新漬蘿蔔《だいこん》

昼食　牛肉　牛蒡《ごぼう》　醤油　砂糖　菜漬

晩食　甘薯《いも（ママ）》　鯵《あじ》　醤油　砂糖　茶漬　沢庵漬

料理内容は記述されていないものの、材料からみると、牛肉は、野菜との煮物に使用されていると考えられる。ここにあげていないが、牛肉とこんにゃくの組み合わせもあり、これを醤油と砂糖で煮たものといえよう。使用量をみると、いずれも一人あたり約五〇㌘程度である。多い量とはいえないが、一ヶ月に何度か献立に登場している事実から、醤油味の牛肉の煮物は、次第に定着していったと考えることはできるであろう。前述の食材から十一月の食事内容を想定してみると、次のようになろう。

朝食　飯、汁（豆腐と葱）、人参煮物、漬物

昼食　飯、牛肉と蓮根の煮物、漬物

晩食　飯、汁（豆腐）、鰹の煮物、漬物

これをみると、主として煮物のおかずが一品つく、一汁一菜《いちじゅういっさい》（昼は汁がつかない）の日常食の献立で、おかずの一部に牛肉があるが、食べ慣れている調味料の醤油を用いた煮物であると推察される。海軍のようなバターは用いられていないので、新しい食材である牛肉は、この例のように和食の食材として用いられていたといえよう。

陸海軍向け料理書

明治四十年代になると、海軍、陸軍ともにそれぞれの部隊における団体食の手引き書ともいえる本を出している。海軍では、舞鶴海兵団で発行された『海軍割烹《かっぽう》参考書』（一九〇八）、陸軍では、陸軍省陸軍部隊の炊飯調理の教育に関する資料「炊爨《すいさん》調理法教育資料」として配布された『軍隊料理法』（一九一〇）がある。前者には、調理道具の説明があり、日本料理の部、西洋料理の部とそれぞれに分けて具体的な料理と調理方法が記されている。

日本料理の部には、牛肉佃煮《つくだに》、焼き牛などの料理もある。焼き牛は、ビーフステーキのように切り、砂糖、醤油に浸し、生姜《しょうが》をすって混ぜ金串をさして焼くとあるから、魚の照り焼きを牛肉に代えた折衷《せっちゅう》料理である。

西洋料理の部は、トマトスープ、ポテトスープなどのスープ類、ビーフステーキ、ローストビーフ、コールドミート、ロールキャベツ、ミンチカツレツ、ビーフカツレツ、シチュードビーフなど牛肉料理、ローストポーク、ポークチャップ、ポークカツレツなどの豚肉料理、チーズマカロニ、カレイライス、チキンライス、ハムサラダ、ハムサンドイッチ、フィッシュコロッケ、ビーフコロッケ、エッグコロッケなど現在も大衆的洋風料理として定着しているものなどが含まれている。

菓子類もプリンだけで九種もあり、アイスクリーム、ビスケット、シュークリーム、ドーナッツ、ワッフルなども記されている。これらが当時一般の家庭にどの程度普及していたかは別として、現在、洋風菓子となるものの多くがすでに採用されているのはおもしろい。

いっぽう、『軍隊料理法』には「調理の心得」があり、各種調理法の部で「和式ノ部」と「洋式ノ部」に分類され、後者には、スープ、シチュー、カツレツ、フライ、ビーフステーキ、コロッケ、カレーライス、ロールキャベツ、サラダ、サンドウイッチなど海軍の料理書と同様のものが掲載されている。しかし、ロールキャベツは玉菜巻、オムレツは卵焼、サラダは酢の物と説明が加えられているところからみると、これらがまだまだ一般化

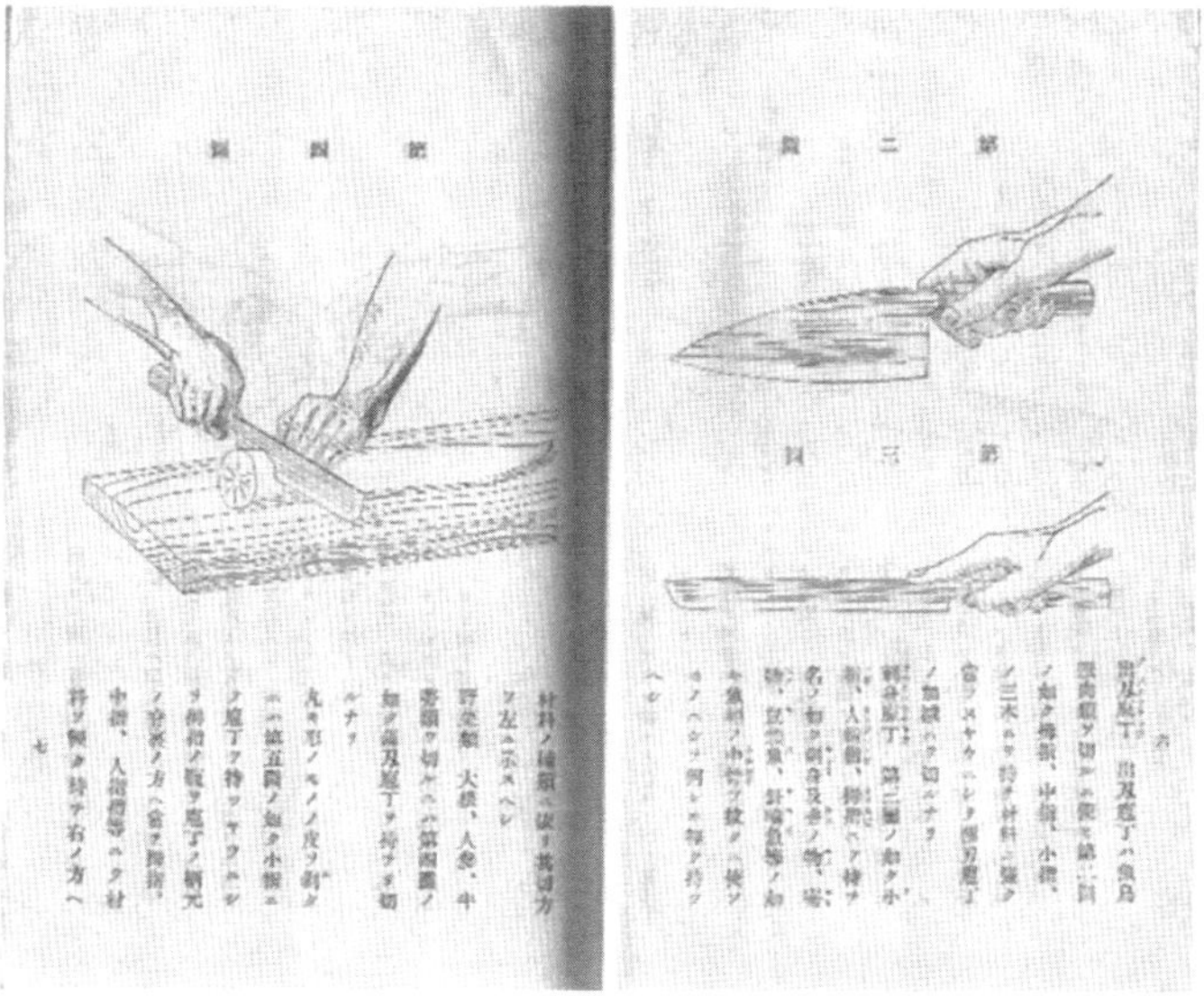

図５　『軍隊料理法』（東京家政学院大学図書館所蔵）

したものではなかったことがうかがえる。

この刊行の一年前の明治四十二年、陸軍経理研究会記事の付録として「兵食調理研究会記事」が刊行されている。これには八月から十二月までの副食の献立、調理法、食費、カロリーなどが掲載されている。これをみると、牛肉の缶詰を使った南禅《なんぜん》寺蒸《じむし》、缶詰肉時雨焚《しぐれたき》、豚肉を使う豚薩摩焚、豚味噌煮、豚ノ木ノ葉汁《このはじる》があるが、牛肉は総て缶詰であり、いずれも西洋料理の味つけはみられない点に特徴がある。このように肉類は、それまでに慣れていた味噌や醤油で味つけされることで飯を主食としたおかずとして受け入れられ、やがて家庭にも広がることになったといえよう。

洋風食材の生産

西洋料理の導入に伴って、それまでの食材に新たな食材が加わることになった。明治四年北海道で、開拓使がアメリカよりイエロー・グローブ・ダンパースという種子を取り寄せ、札幌市外の札幌村で試作したのが日本のタマネギ栽培のはじまりという。明治十三年頃に、同村の中村磯吉が一町歩《ちょうぶ》（ヘクタール）に栽培をはじめ、二年後には販売もおこなわれたという。しかし、農林統計に掲載されるようになるのは明治四十二年以降のことであるから、全国的に広がるのはもう少し待たなければならなかった。

同様に、北海道で栽培が広がったじゃがいもは、伝来時期には、江戸時代以前とも江戸時代とも諸説があるが、最初は飼料として、その後は飢饉《ききん》の食料として注目され、高地や日本北部で栽培がおこなわれた。しかし、同じ飢饉の芋としても栽培されたさつまいもとは異なり、一般の料理書で扱われることはなかった。

そのじゃがいもが別の視点から再び脚光を浴びたのは明治以降のことで、欧米から三七種の品種が入り、じゃがいも栽培が積極的におこなわれることになる。

同じく江戸時代に伝来したが、注目されず西洋料理への関心とともに明治以降使われるようになったものとしてトマトがある。寛文年間（一六六一～七三）に長崎に伝来したとされるトマトは、貝原益軒《かいばらえつけん》が著した本草書《ほんぞうしょ》『大和本草《やまとほんぞう》』（一七〇九）には「唐ガキ」として記されている。

『大和本草』の該当部分をみると、「珊瑚茄子《さんごなす》」ともいい、ホオズキより大きいとあるが、雑草類に分類され、一般化した食品ではなかった。明治時代には、新たな品種が入り、蕃《あか》茄《なす》といわれ、試作されたものの独特のにおいや色が嫌われ普及しなかったが、明治四十二年以降農商務省の統計にのるようになった。全国の栽培面積は三九・四町歩とじゃがいもの四万町《ヘクタール》に比べれば格段に少ない。

また、野菜類を集めた料理書『家庭実用野菜果物料理法』（一九〇五）には、「蕃茄《トマト》」の名前が使われており、日本では赤茄子と称すると述べている。また、「近頃栽培される」ようになり、形は御所柿《ごしょがき》に似て水分に富み、輪切りにして生食のサラド、バター焼き、クリーム煮、ソースに利用し、ジャムなどを作ると紹介している。

キャベツは、一般には「甘藍《かんらん》」と呼ばれて普及した。江戸時代にオランダ菜と呼ばれた不結球《ふけつきゅう》や半結球のケールはあったが、結球のキャベツの栽培は、安政年間にはじめられた。安政六年に駐日総領事としてイギリスから来日したオールコックは、いくつかの野菜とともに、数種類のキャベツを導入したと述べている。明治四十二年の統計では、作付け面積は二〇一七ヘクタール、収穫高は三万三〇〇〇トンでかなりの生産量となっているが、茄子やつけ菜の約十分の一程度であったという。

さらに西洋料理の食材ではないが、近代になって栽培されるようになったものに、結球白菜がある。煮物、漬物、鍋物などとして急速に普及した。

いっぽう、肉食の奨励により、牛肉、豚肉とその加工品の登場がみられることは前にも示した通りである。牛肉は、日露《にちろ》戦争期に高騰し、豚の飼育が奨励されたことで、大正六年（一九一七）には、その生産量が逆転し、以後急速に豚肉の生産が増加した。

こうした新しい食材は、次第に家庭の料理を多様化させる上にも大きく影響を与えることとなった。

明治期の日常食

各時代の日常食の実態は、行事食などに比べて記録に残りにくいために、なかなかわかりにくい。

はじめての常食調査

「人民常食種類比例」は、明治十二年（一八七九）・十三年農商務省が実施した最初の全国的食事調査とされ、『第二次農務統計表』（一八八一）に掲載されている。各地（国別）の常食を調査したもので、米、麦、粟《あわ》などのほか、甘藷《かんしょ》、蔬菜《そさい》、里芋、昆布について七八の国ごとの摂取比率および東京、京都、長崎、新潟など一四都市についても同様の方法によりグラフで示してあり、原本は彩色されている。

都市部のグラフには、東京、京都、名古屋はあるが大阪がなく、函館、赤間関（下関）、

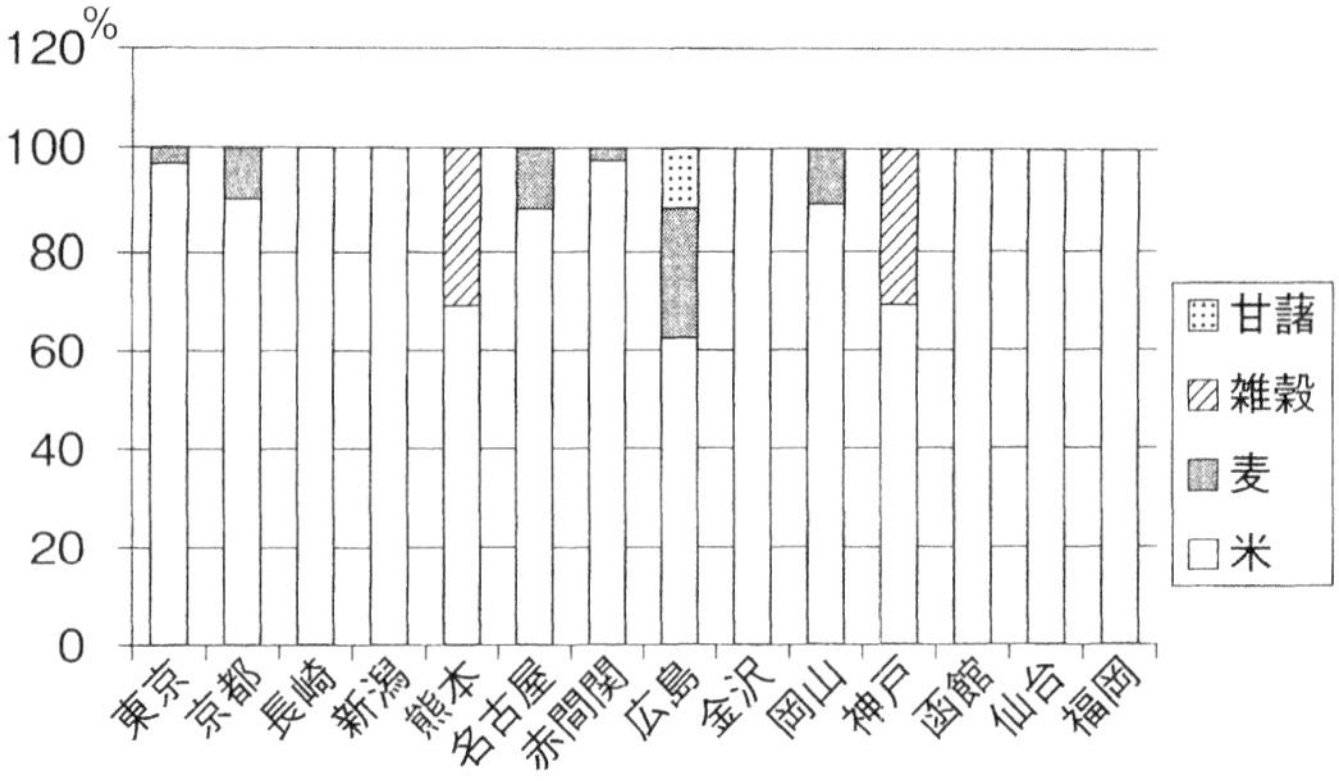

図6　人民常食種類比例にみる都市の主食率
「人民常食種類比例」（1879調査）より作成

神戸はあるが横浜はないといった具合で基準がはっきりしない。一四都市でみると、長崎、新潟、金沢、函館、仙台、福岡は、米の常食率が一〇〇％となっている。（図6）また、国別グラフでは、羽後《うご》（秋田）、伊賀（三重）では、ほとんどが米食、琉球（沖縄）のほとんどが甘藷などである。全国平均でみると、五三％が白米食、四一％が麦、残りが昆布や蔬菜となっているが、同じ国でも山間部と平野部では、当然主食となる米食率なども異なるであろう。明治期には、このような統計資料を用いることで、地域差の大きかった全国の主食物調査が、いくつかおこなわれている。

同様の調査が、大日本農会『農事統計表』（一八八六年調査）にもみられる。ここでは、米食率として、東京六四・〇％、京都七〇・〇％、大阪六〇・五％、神奈川三四・八％、長崎一九・七％、新潟六九・〇％など、前述の資料とはかなり異なり、平均は五一・二％とある。

しかし、鬼頭宏は、『府県物産表』（一八七四）および『長期経済統計』の推計結果に基づいて、明治七年における日本人一人一日あたりの主食物摂取量を算出している。飯米量の推計として、生産量から種子・酒造米などの加工用を差し引くなどにより、飯用としての米の摂取量は、一人一日二六四グラムとしている。これは、飯用に用いられる米、麦、稗《ひえ》、蕎麦《そば》、甘藷などの合計四三一グラムに対して約六一％にあたる。「人民常食種類比例」の調査より五年ほど早い時期であるにもかかわらず、米食率は、もっと高かったのではないかと述べている。算出の方法やどの資料を用いるかでも異なる結果が得られそうである。

明治後期の主食物

明治中期から昭和初期に農村経済の建て直しの資料として作成された各町村の消費統計である「町村是《ぜ》」（一九〇九〜一三）の茨城県について調査した中西僚太郎は、主食物消費量の変化を「人民常食物調査」（一八八六）の茨城県のデータと比較することで説明している。すなわち、明治十九年（一八八六）には、米が主食消費に占める割合は五三・八％、麦は三三・五％、雑穀は一〇・〇％、甘藷二・〇％であるのに対し、明治四十二年頃には、米は六六・五％と上昇し、麦は二三・八％とやや減少し、雑穀は、四・三%と二分の一以下となり、芋類は五・五%と上昇している。同じ資料ではないために、そのまま比較することに問題はあるとしても明治三十二年以降のデータでは、雑穀が半減している点に注目したい。

さらに、野本京子は、地租改正事務局『各地方歴観記』（一八七九）の資料から解説している。この資料は、吏員一、二名が一組になり、各地方の調査を実施したもので、例えば、遠江《とおとうみ》（静岡）では、上等（全住民の三割）皆米、中等（同三割）米五、麦五、下等（同二割）米三、麦七、最下等（同二割）米二、麦その他八など、階層別に記述されていると述べており、平均だけではみえてこない実態がうかがえる。さらに、野本は、農林省米穀局『道府県に於ける主要食料の消費状況の変遷』を引き、ほとんどの府県が明治三十年前後に食生活の変化がみられると指摘している。それは、米の消費が増加したことである。養《よう》蚕《さん》業の発展により、桑畑が増加し、粟・稗《ひえ》などの雑穀畑が減少し、結果として米の消費が増加したとしている。このことは、後述する。

このように全体統計はあるものの、統計だけでは毎日の食事の実態はみえてこない。そこで地域の事例を加えることによって明治期の実際の食生活とその変化をできるだけ推察してみたい。

米を常食した地域

旧大蔵村（現東京都世田谷区）では、明治十三年九月、常食物調査を県庁に提出しており、調査時点では村中三分通りが米を食べており、五分が麦、二分が粟・稗を常食としているとし、一〇年前の明治三年頃も二〇年前の文久元年（一八六一）頃も同じであると答えている（『世田谷教育史』）。つまり明治十年頃では、江戸時代末期と変わっていなかったことがうかがえる。

宮本常一《みやもとつねいち》は、『明治文化史』のなかで、明治十一年、大蔵省が各地に派遣した官吏に提出させた資料から、各都道府県の食料概要を説明している。多くが米、麦、粟、稗を主食物としているが、東日本の方が麦、雑穀が多く、西南日本は麦・甘藷が多いとしている。静岡県伊豆が米七分、麦・稗・粟三分、滋賀では、米七分、麦・蕎麦三分、島根では、米三分、麦・琉球芋七分、または粟・蕎麦、大分の東海岸は周年薩摩芋といった具合である。しかし、秋田は、「鹿角郡《かづの》を除くの（ママ）外《ほか》寒村僻邑《へきゆう》と雖《いえど》も悉皆《しつかい》米を以て食料とし他の扶食を用うるものなし」とあり、山形（庄内）も多くは米を用いるなど、東北、北陸の日本海沿岸平野地帯では、米が常食されたと述べている。

このように、各地の庶民は、地域差があるものの、江戸時代とほぼ同様の食生活を営んでいたといえようが、外国と接するようになった明治時代の日本では、飢饉《ききん》などによる米不足の解消の手段として、安南《あんなん》・サイゴン米など外国米の輸入が早くから実施された。いっぽうで、明治六年には、中国の凶作により内地米の輸出もおこなわれるようになった。しかし、大阪市民はどんな貧民でも、おからを常食しても外国米を食べようとしなかったという。そこで、内地米に七分三分の割で外米を混ぜ、次第に売りさばかれたと、宮本は述べている。

養蚕と食生活の変化

日清《につしん》戦争から日露《にちろ》戦争（一八九四〜一九〇五）にかけての一〇年ほどは、産業革命が急速に進んだ時期である。紡績、製糸、織物業が発展し、絹織物、綿織物の輸出が増大した。とりわけ絹織物は、明治二十六年には四一五万円であった輸出金額が、明治三十七年には三九一〇万円と九倍以上となった（和歌森太郎『近代日本史』）。

養蚕の発展は、桑畑の広がりを意味することでもあった。先に述べた野本は、山林開墾《かいこん》による桑畑の形成もあったが、桑畑の増加とともに粟、稗畑の作付け面積が減少しはじめるのが明治後期であり、その減少は桑園の増加と係わっているのではないかと述べている。農村の副業となった養蚕に携わったのは多くは女性であった。

永原和子は、この時期の変化について関東北部の一農家の農事日誌によって紹介している。明治二十七年の日誌では、その家の女性は機織りや家事労働が主で農作業には加わらず、養蚕も数日係わるのみである。

しかし、養蚕経営が米作収入を上回るようになる明治四十一年には、経営者の母と妻の両方が養蚕に関与し、繁忙期には一日一二人〜一五人が一〇日間雇用され、そのうち半数から三分の二が女性であったという。労賃は、女性も男性も同額であり、その家の女性にも養蚕終了時には四〇日分、計一〇円の報酬金が渡されていると報告している。

現金を得た女性たちは、麦や雑穀をやめて米を購入するものもあり、神奈川県の例では、肉、牛乳、菓子、砂糖などそれまでの食生活にはほとんどみられない新しい食品を購入する例もみられる（『日本女性生活史』）。

養蚕農家の食

同様の傾向は、長野県更級《さらしな》郡における農家の娘、宮原さだ代の日記からもうかがえる。父は高等女学校の教師で韓国へ渡り、明治四十三年に日本の統治となる同国の京城高等女学の教師をしていた。家にはさだ代の祖父母、母、三人の弟、田畑は叔父が営んでいた。

日記は、大正四年（一九一五）から五年にかけて記されているが、養蚕の盛んな様子がみられるので、ここで取り上げる。八月のほぼ毎日の日記には、「午前三時に起床、祖父母、母、さだ代で給桑をなし」や「繭カキをなす」と記されている。

また、残桑は売りさばいてもいる。「壱円に五〆《しめ》、十〆二百五十め売った」とあり、「繭カキ」も「五〆四円二十五歩」など現金を得ていることがわかる。さだ代は学校に通いながら裁縫を学び、翌年には補習学校助手として列車にて学校に通勤している。母親は、生まれたばかりの弟の世話、機織《はた》り、麦蒔きなどをしており、食事作りは、通常祖母、時には祖父がおこなっている。機織りは、母親だけでなく、さだ代も時々手伝っている。

このように、明治後期以降から養蚕は、農村の生活に重要な部分を占めており、現金収入による新たな食品の購入により、食生活が変化する兆しがみえる。食事については日記には詳しくは記されていないためにそれ以前と食生活が変化したのかどうか明確ではない。時々「ツケアゲ」（さつま揚げ）を揚げ、「さんまの御馳走」としているぐらいであるが、鮭の缶詰や西洋菓子なども記され、「母がお茶に招かれていく」とか、夕飯に製糸場に行く隣人か友人か、五人ばかりを招いていることなどから比較的自由な暮らしが感じられる。農村にも少しずつではあるが、新たな食材が入っていく様子がうかがえる。

神奈川の名主の食

東京に近い地域は、近代の新しい食の影響を受けやすい地域であったと思われるので、神奈川県生麦村《なまむぎ》（現横浜市鶴見区）の名主、関口家の日記から、その食品などをみてみたい。『関口家日記』は、宝暦十二年（一七六二）から明治三十四年までの約一四〇年という長きに渡り書き継がれた日記として知られる。明治の同日記をみると、明治十二年になって、近代以降の食品と思われる「菓子ぱん」が到来物に記述され、十三年には、「西洋酒」が記されている。しかし、それは一年に一度程度で、まだまだ新しい食品の記述はみられない。

明治十七年に牡丹菜《ぼたんな》（キャベツ）をゆでて、三杯酢《さんばいず》やからしで食べている様子が描かれる。さらに、明治三十年になると、「ビスケット、キリン麦酒《ビール》、イチゴ水、コーヒー入り角砂糖、西洋料理・ビール」などの記述が急に増加し、その後も「ブドウ酒、ソップ、玉葱、キャベツ」など中元や見舞い、土産物などにしばしば記述されるようになる。この例でも、明治三十年代には、新しい食品類が、少しずつ日常の食事に使われていく様子をみることができる。

都市部では、工場などが急増し、労働によって報酬を得る給与所得者の家庭が増加する。彼らは、一般に小家族で夫が仕事に、妻は家庭で育児や家事に従事するという性別役割分業の家庭である。これらの家族が、やがて家庭料理を変えていくことにもなる。

次に、東京など都市部の食生活の事例をみてみたい。

明治三十一年から一年間記された勤め人の家庭の主婦小林信子の日記から、日常にあらわれる食品や料理をみてみたい。夫は東京の一流商社に勤務していたので、エリートサラリーマンである。小林家には、夫婦のほか、夫の母、七歳の先妻の子ども一人が家族として暮らしていたようだ。ほかに、女中と車夫《しゃふ》が登場する。車夫は通いのようだが、女中は住み込みのようである。日記では、しばしば親戚、知人の来訪を受けており、食べ物については、彼らからのおみやげ類など到来物、中元、お歳暮のやりとり、来客時に接待した食事などが簡単に記されている。

エリートサラリーマン家庭の到来物

到来物には、赤飯、鰹節《かつおぶし》（または鰹節切手）、すし、など従来からの到来物もあるが、砂糖、西洋菓子、凮月堂《ふうげつどう》ワッフル、ビスケット、ぶどう酒、バナナなど近代以降広まる新たな食品類もみられる。カステラは、もらってもいるが、来客時にも出している。

また、訪れた夫の妹や甥などに昼食や夕食を供しているが、その多くは、仕出し屋による料理である。鰻飯、鰻丼、鰻蒲焼き、天丼、そばなどが多いが、「料理」を三人前などと依頼することもあるので、飯、汁、おかずなどの食事に酒肴《しゅこう》などをセットとした仕出しと思われる。その際に出されるのがビールである。銘柄も「エビス黒ビール、札ポロビール」などがある。菓子には、コーヒーなども出されている。家で調理した食事を出した場合には、「飯、さしみ、牛肉、じゃがいも」「食パン、玉子」など和洋折衷《せっちゅう》の料理がみられる。家族の食事と思えるものでも夕食に「飯、豆腐、味噌汁、牛肉」とあり、和洋折衷は、日常食にもみられる。

ビールとラムネの流行

ビールは、明治九年、開拓使麦酒醸造所《かいたくしビールじょうぞうしょ》が設立された。それまでの輸入ビールに代わり、翌年冷製札幌ビールが発売され、同二十二年には、東京目黒に醸造場が完成された。また、明治二十八年の新聞には、朝日、キリン、恵比寿の売れ行きが盛んになったとあり、黒ビールの発売も同年一月の『報知新聞』に報道されている。明治三十二年には、東京京橋に恵比寿ビールビヤホールも開設されるなどビールが普及する。東京赤坂に住まいのあった小林家も新たな食品や料理をいち早く受け入れていることがうかがえる。

ラムネやコーヒーも親戚の来訪で供している。ラムネは、明治元年には製造がはじまり、明治十六年には玉入りのラムネ瓶が作られる。明治十九年には、死者一一万人というコレラが大流行し、東京、横浜の新聞に、炭酸を含む飲料水を飲むとコレラ病におかされないという記事が掲載されたことで、ラムネが大流行した。

図7　ビヤホールの普及（『中央新聞』1899年9月4日）

明治二十六年になると、東京麻布の凮月堂支店に喫茶室が設けられ、コーヒー、洋酒、アイスクリーム、和洋菓子のほか、ラムネ、オータ・アイス（氷水か？）が提供され、女性たちも利用できるようインテリアの工夫もみられたという。

日清戦争が勃発する少し前の、明治二十七年、コレラが流行した際にも、アイスクリームは敬遠されたが、玉瓶詰めのラムネが普及している。

夏になると、近くの氷水店に信子夫婦や子ども連れでよく出かけている。日記には「氷飲みに」と記されている。横浜で氷水店が開店されるのは、明治二年で明治九年には、野毛山《のげやま》から馬車道《ばしゃみち》にかけて氷水店は九八軒、麦湯《むぎゆ》店一〇八軒になったという。京都でも、明治十年には氷水店が大流行したという。東京の例が見あたらないが、当然賑わいを見せていたと考えられるから、庶民が気楽に出かけられる楽しみの場所であったといえよう。

東京の食生活事情

前述の事例は、比較的ゆとりのある家庭の食生活であって、同じ東京でももっと厳しい食生活を送らなければならなかった人びともある。同程度の家庭でも東京の中心地から離れた地域は、まだ農村地帯が広がっており、そこでの食生活は、前にみた農村の食生活に類似していたといえよう。

産業革命の進行によって、生じた貧富の差は、都市部に下層社会をもたらした。西洋料理など新しい食物を享受した階層とは異なり、残飯を売りさばいて、何とかその日を過ごしていた人びとも多く存在した。軍隊の残飯を集めて、香の物や醬油などのしみこんだものを水桶に浸して洗い落とし、ザルにあげて水を切り、これを目方で売っていた。また、工場の増加により労働者向けの寄宿舎が増加し、女工《じょこう》などが寄宿しながら労働した。多くは厳しい労働条件で働いたが、その食事もぎりぎりの厳しいものであった（『明治東京仮想生活誌』）。工業化が進行するにつれて、階層の経済格差は大きくなり、食生活にも開きがいちじるしくなっていく。

日記などは、印象に残ることを書きとどめ、誰かに伝えることを目的としたものではないために、事実ではあってもそれが地域の全体を代表しているとはいえず、客観的なもののでもないことはいうまでもない。そこで、明治三十二年〜三十五年に書かれた平出鏗二郎《ひらでこうじろう》『東京風俗志《とうきょうふうぞくし》』から、東京の飲食状況をみておこう。

同書では、東京の常食は、米飯にして麦を交えることは少なく、ごくまれに麦を加えることはあっても挽《ひ》き割り麦であるとし、この点は、幕末に書かれた『守貞謾稿《もりさだまんこう》』にもある内容と同様である。一日・十五日・二十八日には、赤飯を炊き、「甲子《きのえね》」祭には、黒豆飯または茶飯《ちゃめし》を炊くという。

三度の食事の大方は、朝食に味噌汁、昼食に魚、夕食に煮物、またはつゆものを添えるのが一般的だとしている。朝食のおかずとしては、いんげん豆、うずら豆、ぶどう豆、座《ざ》禅豆《ぜんまめ》などの煮豆、沙魚《はぜ》・川海老の佃煮《つくだに》、金山寺味噌《きんざんじみそ》、鉄火《てっか》味噌などに梅干し、しそ巻き、らっきょう、たくあん、茄子辛子《なすからし》漬けなどであった。

また、当時新しく作られていたものとして福神漬けを紹介している。煮豆屋、納豆屋、豆腐屋、佃煮屋などは市中を売り歩く。江戸時代からの振り売りと同様であった。近所の仕出し屋も健在で、飲食店も至る所にあるので、来客時にはすぐ整うと紹介している。小林家でも、築地新喜楽から夫の安之助に一人分の「料理」が届けられている。

『東京風俗志』の記述に戻ろう。魚介類は、青魚科類に富んでいて、とくに鰹が重用される。多摩川の鮎《あゆ》、佃《つくだ》の白魚《しらうお》、芝浦の芝海老《しばえび》、浜川の穴子《あなご》が名産。貝類は、蜆《しじみ》、蛤《はまぐり》、牡蠣《かき》、馬鹿貝《ばかがい》、赤貝《あかがい》、栄螺《さざえ》等がある。鳥類としては軍鶏《しゃも》、かしわ、獣肉は牛肉が主で次が豚肉と述べ、馬肉を売るものもあるが、牛肉と欺《あざむ》いて売り、罰せられたともある。蔬菜としては、小松菜、鶯菜《うぐいすな》、京菜《きょうな》が多く、漬菜には芥菜《からしな》、三河島《みかわじま》（菜）、大根は練馬の産がもっとも人気があるとしている。これを著した平出は名古屋出身であったため、「余の如き尾張大根に馴れたる口には、甚だ旨味《うま》からざれども」と記しており、食文化の違いは、大根の品種ひとつにもあることがわかる。

調味については興味深い記述がある。「上方者《かみがた》の辛好きに、江戸っ児の甘好き」という言葉を紹介し、東京では、煮物など砂糖を加えないものはなく、朝食の味噌汁でさえ、砂糖を加える場合もあるという。

煮物や和《あ》え物などの料理に甘味をつける習慣は、江戸時代後期の料理書に多くみられるようになる。とりわけ江戸の高級料理店として名の知られた八百善主人が著者となった『江戸流行料理通』には、みりんを使った料理が多く紹介されている。明治期になって、一般家庭にも煮物、和え物、魚類の照焼などに、砂糖やみりんで甘く味つけする習慣が東京を中心に受け入れられるようになる様子がうかがえる。島根県で子ども時代を過ごした筆者は、魚の煮付けに甘さを加えることはなかったし、うどん汁にも甘味を加えなかったために、大学入学で上京した時には、料理の甘さに閉口し、文化的なショックを受けたことを記憶している。明治以降の料理書には、煮物、和え物に砂糖などを加えるものが多くなる。このことは料理書の項でふれる。

京都の洋風料理

ここで取り上げる商家の妻の日記は、これまでにも取り上げられているが、ここでは、明治時代に発展したと思われる食品、料理について概観したい。

日記を綴った中野万亀子は、京都の薬種《やくしゅ》卸し小売り兼砂糖、食料品、化粧品、薬舗を扱う商家に嫁し、二〇歳の明治四十三年に書いた日記である。夫婦のほか、夫の母、弟三人、妹二人の八人家族に加え、住み込みの奉公人として手代《てだい》四人、丁稚《でっち》六人の計一〇人と「上女中・下女中各一人」がいた。さらに通いの番頭もあり、昼食や夕食は主家で食べ、時には朝食も食べたという。台所は、下女中の仕事であった。

日常の食事や親戚への食事は、「あづきめし、味噌汁、生ぶり焼き物、なます」「飯、味噌汁、鮭焼き物」などの一汁一菜《いちじゅういっさい》から二菜の和食が主であったと思える。また、雛祭り《ひなまつ》などの行事食は、「まきずし、ごもくずし、サバキすし（ちらしずし）、巻きすし、取魚《とりざかな》

（マス、タマゴ、つとドーフ）、煮〆《しめ》（ゆば、かまぼこ）、豆腐汁、鉄砲《てつぽう》あへ（赤貝、ワケギ）」と伝統的料理が作られているが、これに加えて、白菜を使ってキャベツロールを作っている。和洋折衷の献立といえよう。

さらに、一ヶ月に一度は、ビーフの日を作り牛肉を食べている上、万亀子は、毎週親戚の家で都《みやこ》ホテルのコックを招いた料理教室に通っている。シチュー、アイスクリームを習ったことは記述されているが、他の内容ははっきりしない。作った料理は、持ち帰って家人に振る舞ったようだ。

しかし、それを通いの番頭に振る舞ったところ、意に反して、「わたしはいただきません。やろうとおぼしめしのある時は、……お気をおつけくだされ」とたいそう立腹していることに、ショックを受けている。真意の程ははっきりしないが、立場の違いからも新しい食への対応は異なっていたと考えられる。

東京の事例と同様、カステーラやバナナ、ビール、パンなども食べられているだけでなく、姑が西洋料理のコースを作って来客を接待している。当人はまだ習っている最中であるが、当時四〇歳を過ぎた姑は、西洋料理をどこで学んだのか、同じようにホテルの料理人から学んだのかもしれないが、中流以上の家庭が早くから新しい料理に関心を寄せていたことは、その後、家庭料理が広がる上に影響を与えたと思われる。

東家《あずま》という西洋料理店でソップ、エビのフライ、チキンチャップ、パンケーキ、紅茶などを楽しんでおり、外食の経験もまたそれを家庭に取り入れる役割を果たしたといえよう。

日記ほど正確ではないが、明治三十～四十年代に子ども時代を送った人たちへの聞き取り資料『聞き書き明治の子ども遊びと暮らし』（藤本浩之輔）によって、京都、大阪、神戸など都市部に暮らした人びとの食生活をみてみることで、一家庭ではみられない関西地域の暮らしをみてみたい。

子供時代の食

明治二十六年、東京生まれの女性。明治三十年、父が京都帝国大学の初代工学部長に就任したために京都で暮らすことになった。きょうだい一〇人の長女。父親はしつけに厳しく、「お風呂いただきます」などと挨拶をしないと叱られたという。長兄が大学を出て、勤めるようになると両親の所に一人ずつ呼ばれて、一緒に食事をさせられるが、箸の上げ下ろしからやかましく作法を教えられ、好き嫌いも許されなかった。学校から帰ると便所掃除をさせられ、夕食一〇人分のしたくも長女の役割であった。女学校の実習では、まだ洋食はなく、芋の煮っ転がし、味噌汁、卵焼きなどであったという。

京都に暮らした二人きょうだいの長女への聞き取り。父親の会社が倒産して小学校の用務員になり、母親は内職で忙しかった。着物をほどいたり、ぞうきんを刺すなどの手伝いをしていた。学校には、おにぎりと豆やずいきのたいたん（煮物）、シャケ（鮭）などで、おやつは、ドングリ（あめ玉）や炒り豆だったが、たまにミカン水、祭りにはアルヘイ糖を楽しんだという。

大阪の事例は、六人きょうだいの三番目青物《あおもの》問屋の娘の例である。彼女は、裁縫が女の子のしつけであったので、小学校卒業後も裁縫学校に通った。ご飯炊きは「女中」の仕事であったが、行儀見習いの女中奉公で、お茶の出し方、お菓子の出し方を見習っている。しかし、家庭では洋菓子などはなかったので、ドングリ（あめ玉）やうどん粉をひねって揚げたものを親が作ってくれたという。ほかには市場で購入した芋や豆のはじいたもの、エンドウ豆に砂糖をかけたものを母が作ってくれたという。

次は大工の娘、五人きょうだいの三番目。学校の弁当にはいつも目ざしだったが、「ええとこのお子は、玉子焼き」だったという。階層差があった。三味線を習いたくて、母親に奨められて鶏を飼い、その卵を売って月謝の三〇銭を貯めた。やはり子守に奉公に出て、ご飯炊き、お針などを習ったが御馳走してもらったので、家に帰りたくなかったという。

さらに、石油の企業に勤務する父親が、韓国に渡ったために、小学五年生の時から母親と枚方《ひらかた》市に移住した家庭の例。彼女は五人姉妹の四番目。沖縄から来ていた書生が豚肉の塩漬けを持ってきてくれるために、これをけんちん汁にして、しばしば食べていた。ご飯は白米で、麦を食べたことはなかった。

居留地があった川口には明洋軒という洋食屋があり、そこで余りが出た時、連絡があって食べたことを記憶している。珍しい経験であったようだ。茨木住吉神社では一日・十五日と祭りの日に、お神楽《かぐら》をあげ、境内にいろいろな物売りも来る。バナナのたたき売り、飴《あめ》屋さん、飴細工、だんご細工屋さんもきていた。飴屋やせんべい屋は日常にも来ていた。日露戦争のあとには、洋菓子屋も入ってきて小麦粉で揚げたお菓子のオランダ、パンなども入ってきたことを記憶している。ここでも、明治三十年以降、食生活が変わってきたことがうかがえる。

彼女が高等女学校に進むと、母親も渡韓したために、大阪府泉南郡で医院を開業していた義兄に預けられた。朝は五時起き、湯を沸かし、ご飯を炊く。姉の子どものおしめの洗濯もして学校に行く。学校は列車通学だったようだが、帰宅したらすぐ晩ご飯を用意した。漁村なので、漁師が浜からじきじき魚を持ってきてくれて、それをすり鉢ですったり、おつくりにしたり、吸物を作ったり、フライにもしたとある。ご飯の炊き方や掃除の仕方などは、姉よりも義兄が教えてくれたという。通いの女中さんもいたようだが、厳しい家で長続きせず彼女が家事を受け持っていたという。

東京とは食物などに多少の違いがあるようだが、明治後期には洋風料理が家庭に入ってきたこと、家族での外食経験が少しずつ広がったことなどに共通点がみられる。

料理教室・料理学校の誕生と発展

料理教室を開いた外国人

上流階層夫人への料理教室

料理書などで新しい料理が紹介されたとしても、それがすぐに家庭の料理として取り入れられるとは限らない。家庭に新しい料理が取り入れられ、それが定着するには、料理書などの情報も重要であるが、一人ではなく、教える人があり、それを仲間で共有しながら作る体験ができると、継続して新しい料理が定着しやすいといえよう。

新しい洋風料理を家庭の主婦に手を取って教えてくれたひとつのルートは、明治時代に日本にやってきた宣教師やお雇い外国人などである。とくに宣教師は、キリスト教の布教活動のひとつとして英語のクラスや西洋料理の教室を開くことが多かった。

図8　クララ一家

　クララ・ホイットニーは、明治八年(一八七五)、父ウイリアム、母アンナ、兄、妹とともに来日した。父が商法講習所教師として赴任するためである。一家は勝海舟《かつかいしゅう》の世話を受け、クララは、のちに海舟の息子の妻となる。その間、明治の日本を動かした大久保利《おおくぼとし》通《みち》、福澤諭吉《ふくざわゆきち》、森有礼《もりありのり》、大山巌《おおやまいわお》、内《うち》村鑑三《むらかんぞう》、新島襄《にいじまじょう》、津田仙《つだせん》など多くの指導者とその夫人たちとの交流を『クララの明治日記』に残している。

　母アンナは、津田梅子の母や杉田玄《すぎたげん》端《たん》夫人などに、アスパラガスなどの野菜料理や苺のショートケーキを教えている。逆にすしなど日本料理を日本の夫人たちが教えている様子もみえる。のちに日本銀行総裁となる富田鉄之助の夫人宅でアンナ、クララがおすし作りを教わっている。ご飯を炊き、野菜、海苔、蓮根をきざんで、おしたじとみりんをかけたなどの説明をしており、雇い人から「お嬢さんはよい日本のおかみさんになりますよ」と笑いながらいわれた様子も書き残している。料理を通した互いの交流の様子がうかがえる。

クララは、母アンナの残した遺稿「手軽西洋料理」を櫻井女学校（一八九〇年、新栄女学校と合併し現在の女子学院となる）の佐良木《さらき》（皿城）キンの翻訳により『手軽西洋料理完』（一八八五）として出版している。菓子之部にある蜜柑《みかん》のジェレーは、『クララの明治日記』で作り方を教えてほしいと所望されたオレンジゼリーであったのかもしれない。母アンナは、夫の死後も日本にとどまり、没後は、青山の外国人墓地に葬られ、その墓碑には、「骸化土霊帰天　ホイトニー氏親友　勝安芳《やすよし》拝誌」と刻まれている。アンナが教えたのは、上流階層の夫人たちに対してであり、それが日常の食事にすぐに活かされたとは考えにくいものの、あたらしい料理への関心をもたらしたとはいえるであろう。

宣教師夫人の西洋料理教室

明治二十六年に来日し、普連土《フレンド》女学校などで英語を教えていたガーネー・ビンフォルドは、いったんアメリカに帰国した後、明治三十二年十月、妻エリザベス・ジュリアを伴って再び来日した。夫妻が、カナダフレンド教会の推薦により、宣教師としての任地、茨城県水戸に居を構えたのは、その年の十一月のことである。そこは当時、水道、電気、ガスなどはない不便な場所であるだけでなく、尊皇攘夷《そんのうじょうい》の地でもあったところで宣教の難しさが予想された。しかし、エリザベスは、バイブルクラス、禁酒会、日曜学校などのほか、水戸の婦人たちに西洋料理を教えた。

水戸に住んですぐに夫妻が招いた中学校の英語教師夫妻に、エリザベスはローストチキンを作ってもてなした。そのおいしさに感嘆した夫妻が、西洋料理を学びたいと申し出たことが料理教室を開くきっかけとなった。参加者は弁護士、判事、役人などの夫人たちであったという（『日本伝道回想録』）。当時の思い出を綴った中村かつによると、当時の水戸は「封建思想が根強く」女学校の友人たちも集会などに誘ったが、耶蘇《ヤソ》教として毛嫌いする風が強く、なかなか夫妻の事業は進まなかったという。中村は、ビンフォルド夫人の西洋料理の教室で学び、「食パン製法、ビステッキ、オムレット、スポンヂケーク、ヂンジ

図9　ガーネビンフォルド夫妻（『愛はいつまでも　ビンフォルド先生日本伝道四十年』）

ャーケーク、ペンケークス、ドウナッツ、イチゴ、ブドウ、イチヂク、ヂャム」などを習ったという。

オーブンはまだこの地になかった。板金屋《ばんきんや》に頼み一斗缶《いっとかん》の側面に穴をあけ、底に炭火皿をつけた簡易オーブンをつくり、これでパンを焼いた。また受講者のひとり平川梅子は、料理会は南町の板垣氏の離れ部屋で開かれ、スポンヂケーキというお菓子が教えられ、カステイラであったと述べている。食パンはブレッドといい、ビスケット、クッキー、ホットケーキが教えられ、次に食事の料理となる。野菜でも魚肉でも上にかけるものをソースというとの説明もあり、道具のない先生は、玉子の泡立てなどにフォークを代用した。

しかし、当時は、それが泡立て器の代用だとは思わず、フォークの名前もわからないので、それを絵に描き「かかる型の物で泡立つ」と書いているのはおかしいことだったと回想している。さらにミセスはレモンの代わりに柚を用いるなど日本の材料をうまく利用したという。エリザベス自身、ご飯、味噌汁、漬物の食事を好み、糠《ぬか》味噌漬けも作るなど日本人の食生活にとけ込む努力をしたという。

このエリザベスの西洋料理会の内容は、横浜キリスト教系の月刊雑誌『常磐《ときわ》』に「手軽西洋料理」として連載されることになった。この雑誌は、明治三十年に夫人宣教師ビンフォルドにより設立された常磐社が翌年から月刊誌として発行したもので、料理、裁縫、育児、衛生、小説、教話などが収録された。一年間の購読料は六〇銭であった。

その連載記事は明治三十七年に同じ常磐社から『常磐西洋料理』にまとめられて出版される。この本は、エリザベスの「手軽西洋料理」と普連土女学校の校長になるサラ・エリスによる「病人の食物」の二つを掲載している。

前者の料理をみると、パン、マッフィンからはじまり、朝飯の穀物、果物、サンドウィッチ、スープ、肉類、鳥類、野菜、サラダ、ソースと続いている。「上等の料理や精巧《せいこう》なる献立」は除き、単純で実用的で、衛生に適すものを掲載したとあるが、なかにはボイルド・ハート（煮たる心臓）、ジブレット（鶏臓物）スープなど現在でも一般的とはいえない料理もあり、いっぽうでごぼうスープなど和風材料のスープもある。ごぼうスープは、ご

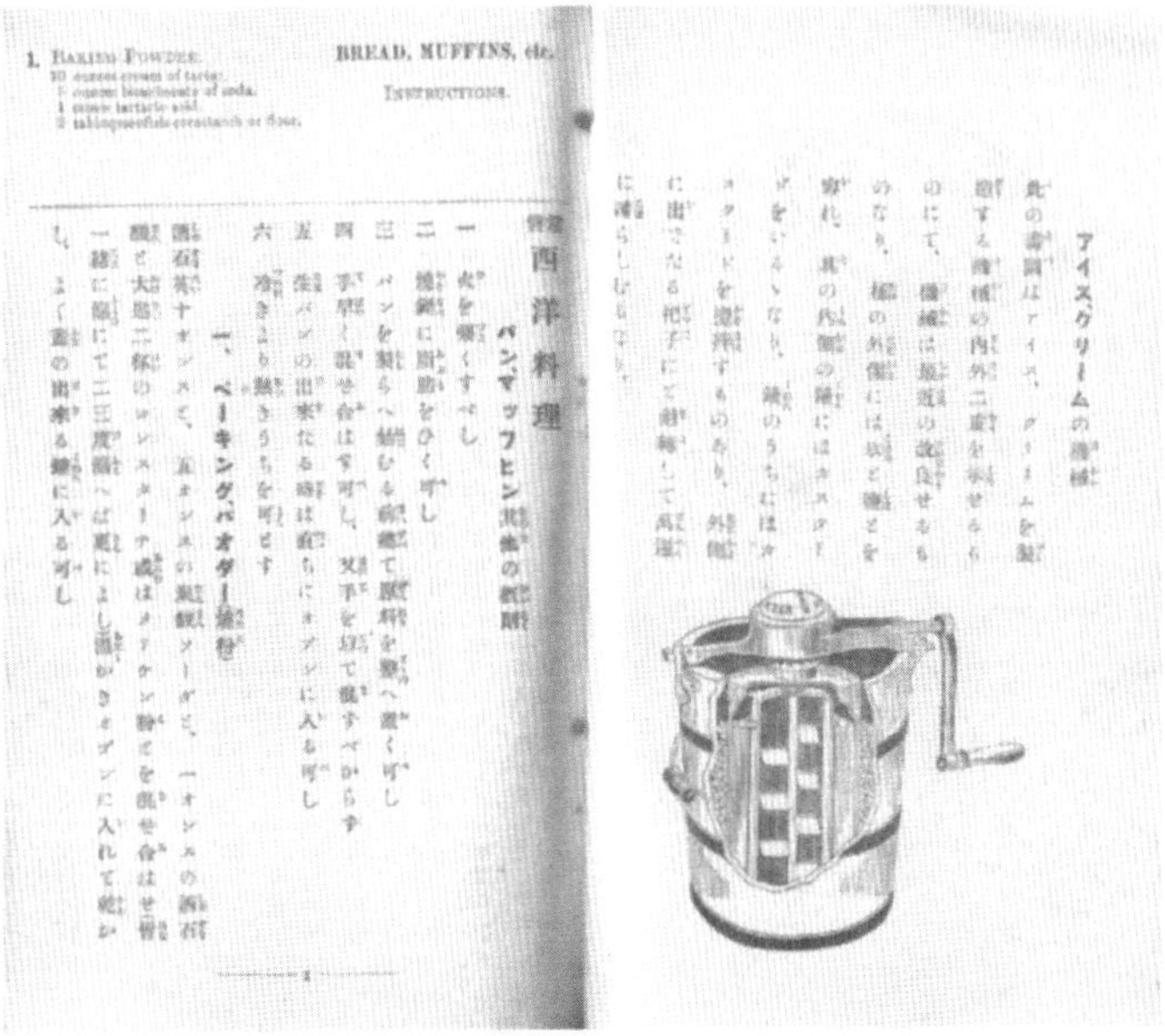

1. BAKING POWDER.

BREAD, MUFFINS, etc.

INSTRUCTIONS.

西洋料理

一　火を能くすべし

二　焼鍋に脂肪をひく可し

六　冷きより熱きうちを可とす

一、ベーキングパオダー

アイスクリームの機械

図10　『常磐西洋料理』

ぼうをわさびおろしでおろし、これに水を加えて加熱し、牛乳と塩、小麦粉を加え、最後にバターを入れたスープである。また、レモネードでは夏みかんまたは柚またはレモンをしぼるとしており、回想にもあるように日本にある材料を使って西洋料理を教えようとしたエリザベスの工夫がうかがえる。

　エリザベスのもとで西洋料理を学んだ渡辺《わたなべ》（後、吉田）清野《きよの》は、結婚後、近江ミッションで宣教師ウオーターハウスの夫人ベッシーの跡を継ぎ、昭和八年（一九三三）には、「近江家政塾」を創設し、実習室と教室を建設し、西洋的な家政を教授した。西洋料理を学んだ日本人女性の中には清野のように、新しい教育の場として発展させた者もあった。

このように各地域でおこなわれた宣教師や日本に滞在した外国人による料理の教授は、その地域の家庭夫人たちが主な対象であり、家庭への洋食普及に一役買ったものと考えられる。それらは近江塾のように学校へと発展したものもあり、家庭料理が広がる上に果たした役割は大きいといえよう。

庖丁人による料理学校

女性のためのはじめての料理学校

明治十五年（一八八二）二月、東京に割烹《かっぽう》教場が誕生した。初代赤《あか》堀峯吉《ほりみねきち》が開設した女性のための料理学校である。赤堀学園が創立八十周年記念に刊行した『指南庖丁《しなんほうちょう》』（一九六三）によると、学制は頒布されたものの、家にいる婦女子は家事雑事に追われて教育を受ける機会がない。婦女子の教育は、家人が社会で活躍する力の源ともなる。そこで「調理道」を通して婦女子の教養を高めるために開設したと、その目的を説明している。

前年の明治十四年、高等小学校の女子の科目に「家事経済」が設置され、食教育もそのなかに組み込まれた。しかし、現実には十分実施されるには至らなかった。中等教育女子に食教育が制度化されるのは、一〇年以上後のことである。赤堀の先見性は、どこで培われたのであろうか。

赤堀峯吉は、文化十三年（一八一六）に遠江《とおとうみ》国城東郡中嶺田（峰田）村（現静岡県菊川市）に生まれ、父政吉が掛川《かけがわ》宿に料理屋を開業したために三歳の時から掛川で過ごした（『指南庖丁』には、城東郡飯田村とあるが、嶺田のようである）。しかし、掛川の大火で父の店は灰燼と化し、これを契機に、江戸に出ている。万延元年（一八六〇）には、日本橋元《もと》大工《だいく》町《ちょう》において割烹店「掛川屋」を開業したという。

図11　赤堀峯吉

ただ、別の資料では、店名が異なる。料理の通信教育の講義録である『家庭割烹講義録』（一九〇三）では、講師赤堀峯翁について口絵とその解説があり、「仕出し業を開き、龍尾亭といふ。この名頓《とみ》にあがり、都下有数の割烹店百川と対峙し、諸侯の愛顧頗《すこぶ》る多かりし」とある。

峯吉が開業したという万延元年の前年には、日米修好通商条約が調印され、横浜ホテルが開業、洋式のパンと料理が提供される。翌年文久元年（一八六一）には、横浜に牛鍋店伊勢熊も開店している。慶応二年（一八六六）には、江戸にも西洋料理店が所々に開店していると、『武江年表《ぶこうねんぴょう》』が伝えているといったように、日本料理人の峯吉も西洋文化に触れる機会があり、あたらしい料理にも関心を寄せたことは十分考えられる。

料理教場開設当初の具体的な教授内容は、明確ではないが、もっと後のものは、赤堀峯吉著『和洋家庭料理法　全』（一九〇四）巻末の広告「赤堀料理教場規定書」にみられる。この時期、教場は、日本橋区平松町と浅草区東三筋町にあった。会員は女子に限られ、日本料理、西洋料理があり、日本菓子科は、日本料理に編入とあり、授業日は、六ヶ月で一期とし、一週二回ずつ実習している。授業料は、下記の通りである。

束修　金一円
日本料理科　金一円三〇銭
西洋料理科　金一円
材料費　各部とも毎回二五銭内外

以上のほか、日曜日の授業も実施している。明治四十四年刊の『赤堀料理講義録』の「赤堀料理教場実習部規則」では、これに支那料理が加わり、普通科が日本料理、西洋料

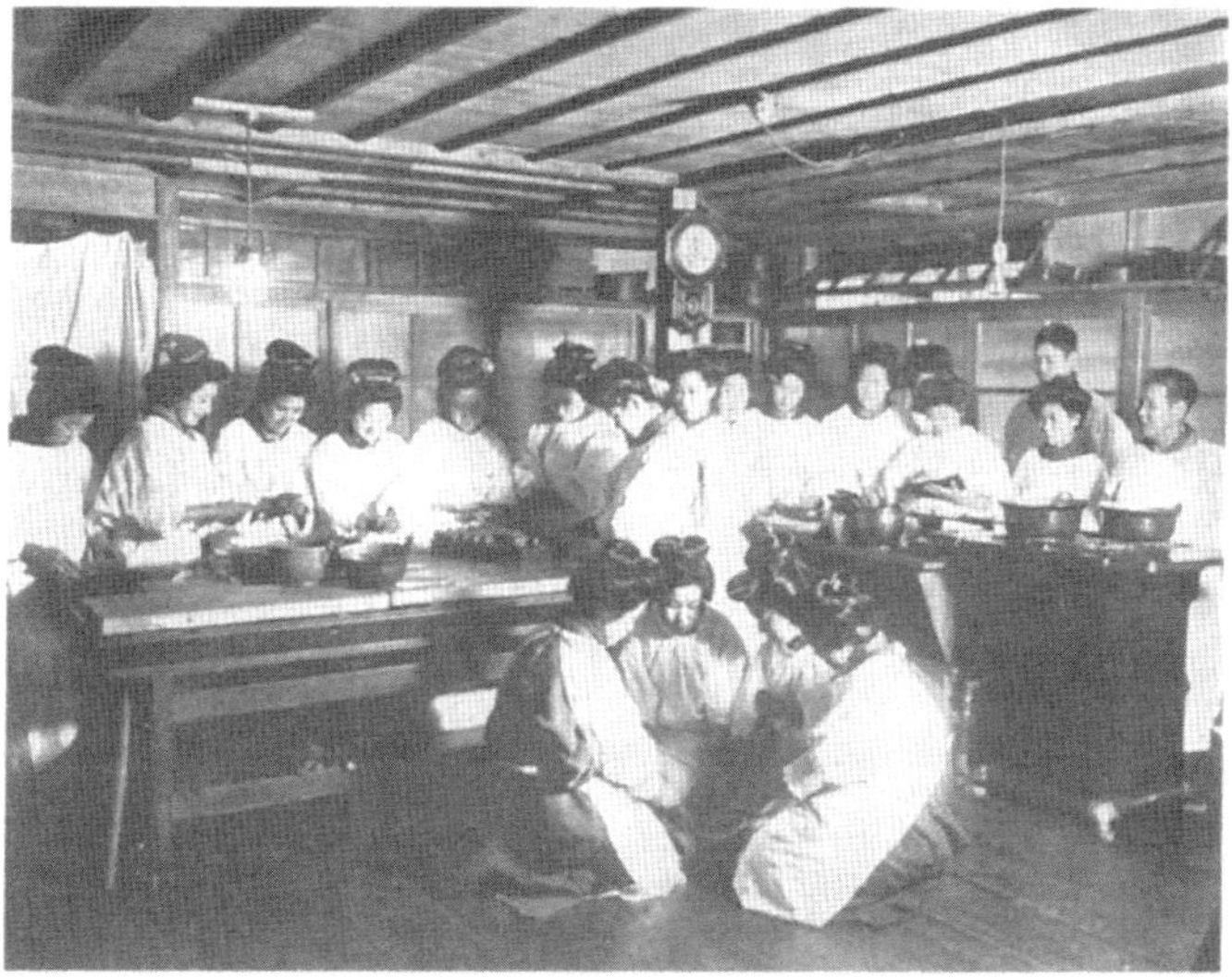

図12　赤堀割烹教場

理、支那料理とあり、普通科の授業料は一円五〇銭とやや値上げしているが、西洋料理は支那料理と同様金一円と変化なく、材料費は平均三〇銭と少しずつ価格は上がっている。携帯するものとして、「料理衣、上草履、包丁、小重箱三ツ組み、手帳、フキン三枚」としている。とくに重箱持参というのは出来た料理を持ち帰るためでもあろうか。創設約三〇年後の教場は、かなり発展しているといえよう。

いっぽう、峯吉は、東京女子師範学校（後の東京女子高等師範学校　現在のお茶の水女子大学）など女子の学校の料理担当講師となり、多くの女子生徒に料理を教授している。その時期については、「福羽美静《ふくばびせい》先生、女子師範学校長たりしとき、同校はじめて割烹科を開く。翁挙げられこれが教師に任ぜらる」（『家庭割烹講義録』）という記述から調査してみると、福羽が東京女子師範学校の摂理（校長）であったのは、明治十三年五月から翌十四年七月（一八八〇～八一）なので、峯吉の講師任命はこの時期であろう。

明治十七年に東京女子師範学校を卒業し、母校の教員となった後閑菊野《ごかんきくの》は、赤堀峯翁、峯吉、菊子共著による『家庭十二ヶ月料理法』（一九〇四）の序のなかで、峯翁に同校において教わったと記している。その折りの峯翁のことを「龍尾亭　赤堀峯翁」と呼び、懇切な教えを思い出すとも記している。当時、峯吉は、龍尾亭を経営しながら同校に通っていたことになり、そのなかで自らの料理教場を開設することにもなったといえよう。

峯吉の長女喜久（菊）が、明治十五年から同師範学校の講師を務めていたとの記述（『指南包丁』）もあるから、途中で、喜久が引き継いだのかもしれないが、後閑が学んだ頃は峯吉が教えていたといえよう。

初代峯吉の長女喜久については、今井美樹『近代日本の民間の調理教育とジェンダー』のなかで、四條流庖丁人、石井治兵衛の門人帳《もんじんちょう》に明治十四年十一月十五日に入門した記録があると指摘されている。男性のなかで女性は二人だけという。赤堀割烹教場が開設される三ヶ月前のことである。その所属は龍尾亭とあり、峯吉の店であったことがここからもうかがえる。ただ、前述の資料では、同じ入門者の一人である夫赤堀新次郎が龍尾亭を経営していたとあるので、どこかで譲り受けたのかもしれない。

さらに、「成立学会女子部、女子職業学校、翁を聘《へい》して割烹科を開く、翁これより専ら家庭割烹に心を用ゐ、教授懇到《こんとう》、その名教育界に知られ……」とあり、峯翁は、各学校においても講師として教授していたといえよう。

明治二十五年、初代峯吉は、喜寿《きじゅ》の祝いを機会に、峯吉の名を長男熊右衛門に譲ったために、その後は、初代峯吉が峯翁、二代峯吉が峯吉と呼ばれている。

治庖会と割烹教場

明治二十五年、初代峯吉が峯吉の名を長男熊右衛門に譲った年、料理法の教授を目的とした団体「治庖会」が誕生する。この会は、峯翁（初代峯吉）、二代峯吉（熊右衛門）、安西卯太郎、武田英一、野口保與による主唱であった。複数の教場を作り料理を教授するだけでなく、料理書も発行する。

赤堀峯翁と安西こま子の共著による料理書『治庖会日本料理』（一九〇二）には、巻末に同会の治庖会規則や沿革が記されている。それによれば、有志の令嬢、令夫人を安西宅に

図13　亀井まき子と割烹実習

集めて料理法を教授し、衛生上、経済上などから利害を研究してその改良を計ることとしたところ、会員が次第に増加したために、翌明治二十六年に第二教場を赤堀宅として開設し、安西宅を第一教場と称した。明治三十三年になり、第三、第四、第五、第六の教場を新設し、加美太一氏に依頼して西洋料理法の教授を加えたとしている。このことから、最初は日本料理のみであったと考えられる。

翌三十四年には、第一と第三教場を合併し本部直属の教場とした。本部（牛込《うしごめ》区）の主事は安西こま子、第二教場（日本橋区）の主事赤堀きく子（喜久）、第三教場（神田区）の主事亀井まき子、第四教場（麻《あざ》布《ぶ》区）主事星野まん子、第五教場（四谷《よつや》区）主事は、小具真子と、すべての教場の主事は女性である。

「治庖会本部教場規則」によると、甲部は日本料理、乙部は西洋料理を実習し、甲部は毎週二回、乙部は毎週一回の実習をおこなうとしている。明治三十五年までに治庖会が渡した卒業証書、講習証書は、計四八九人となったと記している。比較的早い時期に女子の料理教育を実施し、成果を上げた事例である。

赤堀喜久の教授活動

日本女子大学校が明治三十四年に開学した際の開校当時の教職員の中に、日本料理の嘱託教師として赤堀峰（峯）吉の名が挙がっている。二代峯吉のようである。ちなみに西洋料理は、ミセス・ブラッドヘリーとなっている。二代峯吉は、初代峯吉が明治三十七年十一月に没する直前の同年九月に病没するため、その後は、大正九年（一九二〇）まで日本女子大学校の日本料理担当者は喜久（菊）が引き継いだという（『日本女子大学校四拾年史』等）。

喜久らが日本女子大学校で実施した教育の一端が『家庭割烹講義録』（一九〇三）にみられる。一年生を峯吉、二年生を喜久（菊子）が受け持っていたが、生徒の進歩が著しく「玉置なほ子、井上某の両女性は頗る上達の聞こえあり」とある。日曜日の割烹教場が空いている時に教授夫人たちが集まって両生徒から「親しく和洋の料理法を伝習」されたという。

ある日、「大隈伯を始め、渋沢、三井等の各委員」が同校に集まり協議会の後、昼食に会席料理が用意された。赤堀菊子が献立を考案し、料理を玉置、井上両生徒が担当したという。

その際の献立は、吸物（小鯛・葉付大根・蕗《ふき》の薹《とう》）、汁はすまし、口取り（うに蒲鉾《かまぼこ》・寄《よせ》鶉《うずら》・錦栗《にしきぐり》）、刺身（鯛・山葵《わさび》醤油）、皿（生鮭の甘酒漬・菠薐草《ほうれんそう》海苔巻き・もやし生姜）、茶碗（蠣豆腐《かきどうふ》の薄餡掛《うすあんかけ》・山葵）、香物《かもの》（浅漬け大根、巻菜漬）、菓子（紅葉羹《もみじかう》）とあり、簡単な作り方も紹介している。

この委員会は、創立委員会のメンバーによる会議で、大隈重信《おおくましげのぶ》、渋沢栄一《しぶさわえいいち》、三井三郎助《みついさぶろうすけ》、岩崎弥之助《いわさきやのすけ》、西園寺公望《さいおんじきんもち》など当時の爵位をもつ面々が集った重要な会議であったと思われる。

また、女子大学校の第一回卒業式は、明治三十七年に挙行され、その中に玉木直《たまきなお》、井上《いのうえ》秀《ひで》の名があり、「玉置なほ子、井上某」とは、この二人であると思われる。

玉木直も、後述する通り石井治兵衛《じへえ》の息子泰次郎《たいじろう》が開設する女子のための割烹学校で学んでおり、のちに女子大学校教員となる。井上秀は、のちに同大学校の校長となる。赤堀一家の教育の成果の一例であろう。

石井泰次郎（一八七一～一九五三）が女性向けに割烹教場を開いたのは、明治三十一年以降の入学願や入学者に対する保証人の書類が残されていることから、少なくともこの頃からは割烹教場を開いていたことは確かであろう。

四條流の料理人による料理学校

石井泰次郎は、庖丁流派で知られる四條流の継承者である。その父石井治兵衛は、代々襲名した「治兵衛」を引き継いでいる。泰次郎の甥清水桂一によれば、石井治兵衛著『日本料理法大全』（一八九八）と、それに続く石井泰次郎著『日本料理法大成』（一九一三）のいずれも泰次郎が書いたという。泰次郎は、国学院大学の前身の私塾で学んだ国文学者で、多くの料理書の収集と史料の写本を手がけている。

初代の石井治兵衛は、延宝年間（一六七三～八一）にはじまり、泰次郎の祖父治兵衛嘉孝は七代目、父治兵衛嘉重が八代目であるから泰次郎は九代目となる。『日本料理法大全』によると、治兵衛の教えを受けた「御食料理人長」の名は、明治二年までに六百七十余人にのぼっている。ほとんどが全国の諸侯の料理人であるが、幕末には、浅草吉見屋・武蔵屋、萬屋倅《せがれ》、魚屋八五郎倅など料理屋の料理人と思われる名も数は少ないがみられるようになる。

泰次郎は、明治三十一年に「大日本割烹学会」を設立し、そのなかに女子の料理教授を目的とする割烹学校女子部を開設している。

慶応義塾大学魚菜文庫《ぎょさいぶんこ》に所蔵されている「大日本割烹学会石井式教場入学願綴（仮題）」の明治三十一年から三十六年までの資料は、入学願いと保証人による保証書である。宛名が「割烹学校」「割烹教場」「割烹女学校」「石井割烹教場」「京橋区割烹学校」「大日本割烹学会女子部教場」などいろいろで、必ずしも形式が一定せず、保証書のないもの、保証書はあっても願書のないものがあり、散逸した資料もあるように思えるが、百四十余名が残されている。明治三十四年以降は、本科、簡易科、別科などの区分があったようである。家庭料理を学ぶコースのほか、中流以上の家庭などで働く「割烹専門家」の養成もしていたようだ。

この綴りには、女性ばかりでなく男性も名を連ねていることと、年齢に幅があり、安政、文久、慶応生まれのものから明治二十二年生まれまで実に幅広い。入学時に十二歳から四十一歳位までの幅があったことになる。明らかに男性と思えるものは、長男、次男、戸主など数名である。また、生徒は地方からの出身者も多かったようで、千葉、静岡など近隣だけでなく、新潟、福島、徳島などもみられる。なお、今井美樹前著には、詳細なリストがある。

この学校で学んだ一人に玉木直がいる。保証人は、大正九年に日本女子大学校の二代目校長となる麻生正蔵《あそうしょうぞう》である。玉木直の保証書をみると、直は新潟県南蒲原郡三条町（現在の三条市）玉木善作の妹とあり、明治三十二年一月十四日の日付がある。

『日本女子大学学園事典』によれば、玉木直は、新潟第一基督《キリスト》教会の初代牧師に就任した成瀬仁蔵《なるせじんぞう》が創設した新潟女学校を明治二十四年に卒業している。その後、米国留学から帰国した成瀬が大阪梅花《ばいか》女学校校長になると、玉木も同校に学び、明治二十八年に卒業している。その後は、明治三十四年に成瀬が開校する日本女子大学校に入学し寮監も兼ねている。麻生が保証人となったのは、こうした事情によるものであろう。上記事典には、割烹学校については触れていないが、入学の保証書からみて、日本女子大学校に入学する前の二年ほど泰次郎の割烹学校で学んでいることになる。

玉木は、明治三十七年、日本女子大学校の一回生として卒業後、同校附属高等女学校料理教諭となり、翌年同大学校料理教授となった。先に述べた通り、日本女子大学校において、赤堀喜久の指導を受け、饗応料理を井上秀と担当するなど、学生時代から優れた料理技術を持っていたのは、早くから料理を学んでいたことも影響していたといえよう。玉木は、成瀬仁蔵宅に居住し成瀬家の家政を管理した。その間、料理に関する新刊書には必ず目を通し、厳格な研究生活を送ったという。また、成瀬は、自らの病を被験者とし、玉木らに病人食の研究をさせた。玉木は、昭和十二年、授業中に倒れ、翌年六十四歳で永眠するまで同校で調理を教え続け、多くの卒業生を輩出した。

泰次郎の家庭向け料理書

石井泰次郎は、家庭向け料理書として『四季料理』（一九〇七）を著しているが、その序の肩書きには、宮中臣民料理専門家と大日本割烹学会会長の二つがある。その料理書は、「料理を習う家庭の人々が魚鳥野菜をはじめて作るとき利用する書」とある。オムレツ、クラムチャウダーなどの洋風料理もあるが、大半は日本料理、それも「勅題料理」「神武天皇祭料理献立《じんむてんのうさい》」「近江八景料理《おうみはっけい》」などで、伝統料理の継承者としての自負がうかがえる料理も紹介されている。

さらに、巻末に家庭料理を習う時の心得として、「現今女子教育の習う学科として家庭料理を教えることがはじまってきた」と記し、女学校での割烹教授が盛んになったことに触れている。しかし、そこに専門家として教師を招聘《しょうへい》して教えているが、自分はこれら一切を否認すると書いている。そして、現在の女学校には料理の教師はいないと断言してはばからぬとまでいいきっている。また、料理書も専門家によらぬ著述は見ない方がよいとも記している。四條流を受け継ぐ泰次郎としては、時流に乗って自称料理人や料理教師としている人びとを許せなかったのかもしれない。

泰次郎が女子用の料理書を刊行した一九〇〇年代は、高等女学校の教育も全国に及びはじめた頃であり、家庭向け料理書が急激に増加した頃でもあった。また、正統派の日本料理より、和洋折衷が受容される時代であり、それに対して四條流を継承してきた泰次郎としては批判的であったようだ。いっぽうで、家庭料理を学ぶことは一家の主婦の務めを果たすために必要だと述べている。

泰次郎は、大正時代から昭和二十年（一九四五）以降まで日記を残しており、昭和十年前後の日記をみても、毎日、日本料理や庖丁式《ほうちょうしき》などを弟子たちに自宅で教えながら、雑誌や新聞等に執筆を続け、古書を写し続けている様子をうかがうことができる。

さらに、泰次郎は、昭和十八、十九年の雑誌『栄養と料理』に連続して記事を書いているが、それは「日本料理史」である。また、昭和八年の日記をみると、泰次郎の妻サキは、香川栄養学園に関わっていたが、昭和十七年頃から同雑誌に懐石《かいせき》料理の連載をしている。

昭和二十年の記事とまったく同内容の「正月の懐石」は、東京家政専門学校（東京家政学院大学の前身）の同じ頃のサキの授業でも、デモンストレーションでおこなわれていることが当時の生徒のノートからうかがえる。

泰次郎は、日本料理の指導、諸礼儀式の作法などについて直接手を取って教え続け、その間、古書を集め、それを写し取り、さらに妻ともども雑誌、新聞だけでなく学校の講師などを通して実に明治期から戦後に至るまで活動を続けた様子から、泰次郎の「正統な」日本料理継承への並々ならぬ思いがうかがえる。

多様な料理学校の開設と発展

軍艦割烹係が開設した料理学校

石井泰次郎の割烹学校に続いて、明治三十七年（一九〇四）に和洋割烹講習会を開設し、明治四十年に東京割烹女学校を開いたのは秋《あき》穂益実《ほますみ》（一八六四〜一九二二）である。

東京府知事に提出した「私立東京割烹女学校設立認可申請」の履歴書によれば、秋穂は元治元年（一八六四）生まれ、福岡市の公立小学校を卒業後、同市亀井私塾で二年七ヶ月漢文学を学び、その後福岡歩兵連隊に肉類を納入する仕事をしたのち、明治二十年上京し、十一年間、本郷の割烹店、海軍水交社《すいこうしゃ》、イタリア大使館、スペイン公使館などで和洋割烹法を学んでいる。その間、帝国軍艦の割烹部に一年八ヶ月所属している。明治三十二年に

図14　秋穂益実と実習場

は、皇后、皇太子の軍艦観覧の饗応などの調理主任を命じられている。これらを通して、とくに西洋料理の技術を磨くことになったようである。その後、陸軍経理学校糧食調理法嘱託教授も拝命しており、軍隊の料理に携わりながらいっぽうで女子教育に携わっていたといえる。

学校の入学金は一円、授業料一ヶ月一円二〇銭、専修科二円である。目的としては、主として和洋割烹法を教授し、修《しゆう》身《しん》、礼式等を授けて婦徳増進をめざし将来一家の主婦として有用な女子を養成するとある。本科の修業期間は一年、専修科が六ヶ月、定員一〇〇人としている。一階を教場、生徒控え室、炊事場に当てており、炊事場が四坪（約一三平方《メートル》）、教場は一二坪半（約四〇平方《メートル》）と、それほど大きいとはいえない。二階は、六畳と八畳が二部屋ずつあり寮としていた。

秋穂は、割烹学校を開設するかたわら何冊もの料理書を刊行している。そのひとつ『家庭宝典　和洋割烹法』（一九〇六）には、教場で食事法を実習している生徒の写真と炊事場の写真も掲載されている。大きな料理ストーブが据えられている。おそらく外国製のものであろう（図14）。

石井泰次郎が日本料理の正統性を伝えることにこだわった様子がうかがえるのに対して、秋穂は、海軍、外国大使館などでの経験により、和洋料理といいながらも西洋料理を得意としていたといえよう。多くの料理書を著しているが、前著では、表紙に「Ｃｏｏｋ　Ｂｏｏｋ」と記され、自序でも「西洋では新婦の携帯品中コックブックが無ければならぬことになって居る」と述べているように西洋の影響を強く受けているといえよう。そのため、台所、食器などの衛生的扱いを具体的に述べ、食物の消化、食品の分析表などを掲載し、解説している。「日本料理之部」では、日曜日から一週間の献立を示して、それぞれの料理を紹介している。しかも、甲、乙、丙の三等級の献立が立てられている。日曜日の献立を紹介すると次のようである。

朝食
甲　大根千六本みそ汁　月見とうふ　栗きんとん　椎茸ごま合　奈良漬
乙　里芋千切みそ汁　かき玉わん　ほうれん草ひたし　花かつお
丙　ねぎみそ汁　煮やっこ　香の物

昼食
甲　吸物（白玉しんじょ　しめじ茸　口〈吸口〉、算木《さんぎ》うど〈細く切ったうど〉）　刺身（鯛）　かしわいり鳥（鳥　竹の子　松露《しょうろ》　うど　千しょうが）
乙　吸物（吉野きす　みつば　口〈吸口〉、すりゆず）　てり焼き（いさき　酢蓮根）
丙　ねぎぬた　里芋うまに

夕食
甲　味噌吸物（帆立貝　松露　口〈吸口〉、葉わさび）　松魚《かつお》（山かけ刺身）　かしわ（柳川もどき）　生椎茸しおやき　あちゃら漬（葉付小蕪《こかぶ》　白昆布　木海月《きくらげ》）
乙　椀盛（はた魚吉野あられ　島田ゆば　しめじ茸）　鯛（うにやき）　あんずみつ漬　かしわ（きみ酢）　里芋みそ煮（青海苔かけ）
丙　茶椀盛（まききす　じゅんさい　茗荷《みょうが》）　茄子《なす》（なべしんやき）　刺身（まぐろ）

甲に比べると丙はおかずが少ないが、まぐろの刺身が丙に位置づけられているのは、江戸時代、下魚《げぎょ》であったまぐろの位置づけの余波といえようか。ご飯があることは、当然ということか示されていない点や、朝食はみそ汁と決まっているのは、江戸時代、江戸の町では一日に一度の炊飯を朝に炊き、温かいご飯にみそ汁というスタイルを思い出す。大坂など関西では、昼間炊飯するので、翌朝は冷や飯を粥や茶漬けなどにするという当時からの食習慣は考慮しなかったとみえる。明治以降も、飯・汁・菜・漬物という食事のかたちは引き継がれ、全国的に一般化していくことになる。

私立東京割烹女学校の発展

秋穂益実が創設した私立東京割烹女学校は、大正元年（一九一二）に校則改正の届けが出されている。それによると、本科一年の中が、三つの科に分けられている。普通料理科—日本料理六ヶ月・西洋料理六ヶ月（家庭料理法・普通来客用料理法）、高等科料理科—日本料理科（剣モノ、酒饌《しゅせん》料理、儀式料理、食事法、給仕法）・西洋料理科（高等料理法、食卓飾付、食事法、給仕法）および菓子科—日本菓子・西洋菓子である。兼脩科として和洋料理、撰科として本科のうち一科目を選択するなど、いくつかの選択肢を設けている。本科の授業料一ヶ月三円五〇銭、実習費一日三〇銭、入学金一円としている。その他、和洋礼式、人倫大意などの講義も設けている。

それ以前の明治四十三年、設立者を益実の妻秋穂かねに変更する旨の届けが出て認可されていたが、大正四年（一九一五）二月二十四日、同割烹女学校をかねの設立者から再び益実に変更している。いずれも「都合により」としているため事情は明確ではない。かねは、益実と同じ福岡出身で、横浜のキリスト教系の女学校を卒業後、明治二十九年から同四十三年まで基督教伝道事業及び監督女塾長を務めている。履歴書の住所は、益実の住所である神田区三崎《みさき》町ではなく赤坂区青山南町となっている。料理学校の経営という視点からは、さらなる調査が必要なところであるが、現在のところそれ以上は不詳である。

いずれにしても設立者変更願と同時に、東京神田区三崎町の学校を神田区猿楽《さるがく》町に移転届けを提出している。その間取りをみると三階建てで以前よりかなり広くなっており、この学校が発展していたことを示している。

また、同四年七月、秋穂益実は、東京割烹女学校出版部から『家庭和洋保健食料三食献立及料理法』の料理書を刊行している。同女学校が出版部を開設したことがわかる。口絵には、生徒たちの実習風景の写真がある。秋穂は、その序で一家の重要事である調理を実際に家庭に応用させるために「日々実験せる材料を蒐《しゅう》集《しゅう》して一冊子」としたとある。

同書は、朝、昼、夕食の三食を「飯・汁・二菜・香の物」の形式になるよう献立を作成し、配膳図を毎回示し、材料、分量、作り方を示したものである。配膳形式は日本料理の形式に当てはめながらも、一品の菜をオムレツ、カレー、フライ、コロッケなどの洋風料理を取り入れている（図15）。同学校において、普通科の家庭料理などで実施されたものを編集掲載した可能性がある。大正六年、この料理書と同じものが岡村書店で刊行されているが、実習の写真と自序が省かれている。

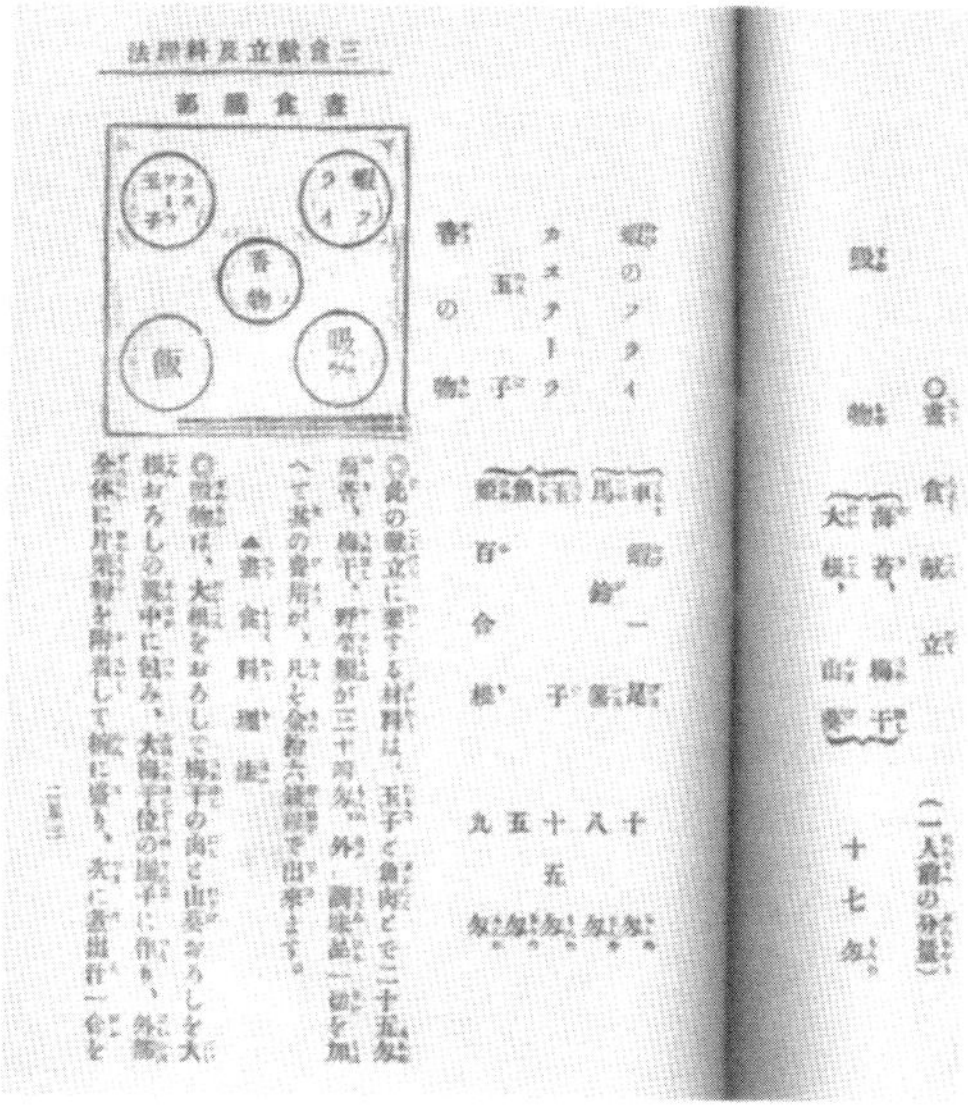
○晝食献立（一人前の分量）

吸物｛海苔、梅干、大根、山葵｝十七匁

蝦のフライ｛車蝦一尾 十匁、馬鈴薯 八匁｝

カスタード玉子｛玉子 十五匁、鶏肉 五匁｝

香の物｛百合根 九匁｝

三食献立及料理法

晝食膳部

○此の献立に要する材料は、玉子と鶏肉とで二十五匁、海苔、梅干、野菜類が三十四匁、外に調味品一切を加へて其の費用が、凡そ金拾六銭位で出来ます。

◆晝食料理法

○吸物は、大根をおろして梅干の肉と山葵おろしを大根おろしの眞中に包み、大梅干位の圓子に作り、外側全体に片栗粉を附着して椀に盛り、次に煮出汁一合を

図15　『家庭和洋保健食料三食献立及料理法』

益実は、その後も精力的に料理書を刊行するが、大正十年三月十九日に五十七歳で没している。そのため、同年四月十六日、設立者の変更願が提出されている。新設立者は、秋穂ケイとある。神田区長名による調査報告には、益実の逝去の年月日に加え、「新旧身分上の続柄」として、「戸籍簿上、

夫婦関係アリシモノナリ」と記載されている。

ケイは、明治十八年生まれ、益実同様、福岡県出身で、明治四十二年（一九〇九）から四十四年まで益実の学校、私立東京割烹女学校で割烹法と礼法を研究し、同四十四年、同学校の割烹教師となり、大正二年以降、設立者変更時まで同学校教務主任を務めている。新設立者申請時、ケイは三十六歳。住所は、大正四年に移転した新住所である。

ケイは、その後、秋穂敬の名前で何冊かの料理書を刊行している。関東大震災後の大正十三年に刊行された『おいしく廉く手軽に出来る　日本支那西洋家庭料理大全』の著者は、秋穂敬と秋穂英男の二人となっている。敬子は東京割烹女学校長、英男は同校主事、陸軍経理学校嘱託とある。その後の著書は、敬子のみとなる。

同書では、当時の栄養学の発展に従って、科学的に研究する必要があるとしており、「カロリーを有すること、各種ヴィタミンを含有すること、蛋白質《たんぱくしつ》・無機分を含有すること、経済的なこと、美味しいこと、美しく感じよく作ってあること」を挙げている。たとえば、炊飯についても、米の適量は正確にはかるべきとし、釜に対して炊くべき米の量の算出方法、米の種類による水分量、火加減、炊く時間なども時間を明示して説明している。

東京割烹女学校出版部が刊行した、秋穂敬子編『支那料理』のはしがき（手元の本では刊記が記されていないが一九三五年刊とされる）をみると、震災後、大正十四年に復興後の同学校に前からの引き続きで、中国山東《さんとう》省出身の「秀鶴亭先生」が同学校で指導した実習を書きためたものであるとしているので、氏が来日した大正十一年以降、同学校でも和洋だけでなく、中国料理を教授していたことがわかり、かなりの量の料理が紹介されている。東京の料理学校も震災後、大きく変化したものと思われる。

東京割烹女学校がいつまで続いたのかははっきりしない。同校編『四季の料理』（一九二五）の住所は、東京市麴町《こうじまち》区飯田町となっている。明治期の地図で見ると、最初に益実が開設した学校のあった神田三崎町の道をはさんで向かい側に位置する。いずれも近い区域を移動していたことになる。

筆者が購入した同書に東京割烹女学校の生徒の「学生証」が残されている。入学は昭和二十四年四月十四日とあり、コースは、「兼修科夜間第二」、入学金一〇〇円、月謝七〇円とある。毎月、三〜五回出席の印があり、住所は麴町区飯田町とある。この料理学校の教育は、少なくとも戦後まで続いていたことは確実で、長く家庭の主婦となる人たちに影響を与えたと考えられる。

料理学校は、前述のように独立した料理教場もあったが、女学校に附属や特設した形で置かれた料理学校もみられる。その例をみてみることにしよう。

学校に付属した割烹科

料理雑誌『月刊　食道楽』の記事に、女子美術学校の割烹科の記事がある。明治三十九年に新設した割烹教室は、明るい清潔な教室であるとし、七輪とガスと、ストーブが設置してあるなど設備の説明がある。明治四十二年に東京都知事に提出された「学則改定ニツキ開申」によると、料理科の規則を別に定めており、日本料理、西洋料理、支那料理の三科および研究科があった。修業年限も裁縫本科が四年であるのに対し、料理科は三ヶ月を「一季」とした。その授業料は、以下の通りである。

日本料理科	金四円五〇銭
西洋料理科	金四円五〇銭
支那料理科	金三円
日西二科兼修	金八円五〇銭
日支二科兼修	金七円
三科　兼修	金一一円

研究科　　　　　金三円

材料　実習費　一回金三〇銭内外

このほか、短期講習として、夏季、冬季もあった。同校の教師は、日本料理担当は赤堀菊子（喜久）、同ミチ子、西洋料理は木村留吉、同利根子、支那料理は柴田波三郎とある。短期の授業ながら明治後期このような形の料理教授の場があちこちにつくられたといえよう。

成女学校《せいじょがっこう》は、明治三十二年に東京麴町に創設された女学校で、明治四十一年には成女高等女学校となる。同校で継続して実施されている料理講習会について『月刊　食道楽』に紹介されている。以前は、和洋の二種類であったが、近年新たに「支那料理」が加えられたと伝えている。その理由として、「支那料理」は、脂っこく、豚料理が多くてとうてい日本の家庭には受け入れられないと思っていたところ、大変おいしいので、講習会を開くことにしたと述べている。

講師として、日本料理は下谷伊予紋《したやいよもん》の料理人松本常二郎、西洋料理は池戸鐵《てつ》次郎、支那料理人は、赤坂もみぢの岡田表十郎、幹事に嘉悦孝子《かえつたかこ》の名が挙がっている。嘉悦は、嘉悦学園創設者である。赤堀峯吉から料理を学び、成女学校で家事や料理を教え、もみぢの料理人と共に「支那料理」を教えている。

この講習会は、一科週一回（二時間）講習期間一五週で、費用は、講習料一科二円五〇銭、二科兼修三円五〇銭、三科兼修五円、材料費毎回二五銭となっている。

幹事の嘉悦孝子は、その後に『惣菜料理のおけいこ』（一九〇七）を刊行する。その中には、惣菜として、日本料理、西洋料理に加えて中国料理も組み入れている。ほとんどの献立は、次のように和、洋、中の組み合わせである。

献立例

一、茶碗　清湯丸子《チンタンワンツ》　青み
一、口取　たまご焼の簾《す》まき　松風鯛　菊きんかん
一、西洋皿　魚のフライ　さつまいものフライ
一、小煮物　鳥貝《とりがい》　よめ菜
一、香の物　たくあんのみりん漬

嘉悦孝子『総菜料理のおけいこ』（一九〇七）

最初の清湯丸子は中国料理で、口取り、煮物などは日本料理、西洋皿は西洋料理といった具合に日常の食事の中に、自由に各国料理を組み合わせている様子がうかがえる。

先の雑誌にある成女学校の料理講習会の報告では、実習された六種の料理を紹介している。その中の醬肉《チャンユー》、炸丸子《ザーワンズ》、清湯丸子は、嘉悦の本に同様の作り方で紹介されている。前述した献立にある清湯丸子は、日本料理の「お茶碗」の所に使うとし、豚肉を刻んだものにねぎと生姜を混ぜ塩を加えて団子に丸め、煮だし汁で煮るという。

東京神田の日本正則《せいそく》女学校内に開かれた「料理法講習会」は、主として和洋料理法を講習し、礼法、会席を授け、さらに食物改良家事経済の講話を加えたものである。日本料理の講習費は、二円五〇銭、西洋料理三円五〇銭、材料費二〇銭〜二五銭でとあるが修業期間がはっきりしない。明治三十六年頃の講習会である（『遊学案内東京の女学校』）。

明治十九年に開校した私立共立女子職業学校は、現在の共立女子大学の前身であることは知られている。同学校の明治二十六年から二十七年の学年報告によると、割烹科は、日常飲食の調理法を教えるもので他の学科と異なり一年間の短期コースであったという。

また、明治三十一年には、修業年限八ヶ月の割烹科を設けた。実習担当者は、近衛《このえ》侯爵家の家庭教員小川すみ子とある。実習は、厨房料理学理（原料の性質配合）、調理の目的方法を簡易に教授する修業年限八ヶ月とした。前半四ヶ月は、講義と実習毎週一度、後半は実習のみ一週一度、授業料は一ヶ月一円であったが、講義と実習のうちどちらかのみは、六〇銭であるという（『共立女子学園百年史』）。しかし、通信教育の項で示すように、明治三十一年には、井上善兵衛が実習担当者になったとする資料もある。井上は、明治三十五年、同学校で実施した「実習筆記」をもとに家庭用惣菜を中心とした『割烹科教授用惣菜三百種　全』を刊行している。同書は、白髪大根《しらがだいこん》、おろし大根、短冊《たんざく》大根など簡単な大根料理からはじまり、きんぴら牛蒡《ごぼう》、笹がし牛蒡など野菜類、海老、鯛など魚介類、鶏肉料理があり、そのほとんどが日本料理であるが、牛肉カツレツ、コロッケ、オムレツ、ビーフステーキ、シチウなど洋風料理もみられる。

株式会社が設立した割烹学校

通信教育による調理教育を長く実施していた東京割烹講習会は、北村住吉を代表取締役として、大正二年、東京市本郷区に「株式会社東京割烹講習会附属　私立帝国女子割烹学校」の設立申請書を提出している。設置の目的としては、「尋常高等小学校卒業以上の女子」に家政上必須の料理法の実習を教授し、善良な主婦を養成することとしている。日本料理科、西洋料理科、支那料理科、和洋菓子科があり、修業期間は一ヶ月と短いが、毎週の授業時間は、四四時間以内でこれを六日間に配分するとしているので、集中して実習する形であった。実習以外に修身も科目にみえる。ただ、設立書類では「高等」の部分に斜線のみられるところがあり、その後の募集には、資格が示されていない。

設立にあたっての審査で興味深いのは、すでに通信教育を実施してきて、会員が二万人以上と多いために、経済的にも心配はないとしていることである。この通信教育については、後述する。

北村住吉は、慶応三年（一八六七）生まれ、明治十八年に早稲田大学を卒業し、日本郵船株式会社に勤務し、明治四十二年、東京割烹講習会を設立する。

学校は、一階が一八坪で、教室二つと舎監室、二階も一八坪で、寄宿舎と事務室にあてている。寄宿舎の舎費は、一ヶ月五〇銭、食費一ヶ月六円という。細かな内容は申請書からは明らかではないが、同講習会は、明治後期から通信教育を発展させてきており、その講義録を通して、帝国女子割烹学校の料理実習生を次のように募集している。

授業割は、毎日（日曜、祭日、祝日を除き）午前日本料理、午後西洋料理及支那料理とす

授業料　一科目一ヶ月（毎日）金二円、二科目兼修三円五十銭にして、他に材料費十銭以内を申受く

寄宿料　寄宿生は本校にて教授する総ての料理科目を教授し、監督は主任兼舎監指原

乙子最も厳重に監督の任を尽しあるを以て安心して寄宿する事を得、費用は金三円五十銭授業料、金六円材料費、金五円食料、金五十銭舎費右の外に一銭も要せずして完全に一ヶ月にして家庭に必要の料理全科を修了す

以上のほか、日曜講習、和洋菓子講習を別に定めている。入学金（束修）は免除とある。宿舎に入れば、一ヶ月という短期集中型、総費用一五円で、一通りの家庭向け総菜を学ぶことができるという点で特徴がある。

また、このほかにも「分校静岡女子割烹講習会」として、割烹学校の分校を静岡市に設置し、本校と同時に募集している。大正二年の募集には、「家庭総菜料理を実地に教授するを目的とし、本科を二科に分かち日本料理科西洋料理科とす」とし、募集内容を記している。

このような料理学校には、どの程度の人が通ったのであろう。一般には、中流以上の人びととされているが、もう少し具体的に考えてみたい。

たとえ一ヶ月とはいえ、一五円支払って料理を学ぶことができたのはどんな人たちであったのだろうか。実例ではないものの、大正二年前後の家計簿の事例を女学校の家事教科書でみてみたい。

①中島よし・星常『近世家事定本　下巻』（一九一二）、②大江スミ『応用家事教科書下巻』（一九一八）、③戸野みちゑ『新編家事教科書　全』（一九一三）でみると、次のような経費例が示されている。

奉給（一ヶ月）①一〇〇円　②一二五円　③五〇円
使用人給料（一ヶ月）①四円五〇銭（二人）②四円　③三円
賄費（一ヶ月）①二九円四七銭　②四四円六〇銭　③三〇円六銭五厘
月謝　①月謝二〇銭　②授業料三円二〇銭（二人）③授業料二〇銭

奉給は、③が①、②の半額かそれ以下となっている。これは、教科書の対象者が異なるためであろうか。①②は高等女学校・実科高等女学校・女子師範学校および同程度の女学校を対象とした教科書であるのに対し、③は、女子技芸学校・裁縫女学校・家政女学校その他各種の女学校を対象としている。家族の設定は、五〜六人の設定である。

②の食費が、かなり高いのは、大正六年頃から物価が急騰していることとも関係しているであろう。月謝は、かなりの違いがあるようであるが、②、③は学校の授業料とある。①は習字を習っているようであるが、

高等女学校の例では、『遊学案内東京の女学校』（一九〇三）に東京府立第一高等女学校

の授業料は、一ヶ月一円八〇銭とある。②の授業料一人分一円六〇銭とほぼ同様といえるので、高等女学校程度の学校に通うことを想定したものといえよう。これに対して、第一女子技芸学校（二年制）の授業料は一ヶ月七〇銭とある。そのほか和洋裁縫学校、産婆学校なども条件によるが、五〇銭から一円五〇銭の授業料が多い。③の例は、手習い程度の授業料なのかもしれない。しかし、料理学校は、中流以下の家庭にも広がりをみせている。技芸学校の例をみてみたい。

女子技芸学校の割烹科

『遊学案内　東京の女学校』（一九〇三）に紹介された女子技芸学校は、東京市教育会付設として明治三十四年に設立された。それは、「中流以下の女子をして普通教育の補習を得しむると共に、其処世上必須なる実用的技能を授け」として、設立されている。第一女子技芸学校は、麴町区飯田町の小学校内に、第二女子技芸学校も本所区外手《そとで》町の小学校内に設置されている。主幹は棚橋絢子《たなはしあやこ》、割烹科講師は治庖会の亀井まき子である。本科の修業年限は二年間で毎日午後授業があり、週二時間の割烹もあるが、専修科は、高等小学校二年の課程を修了しない場合でも認め、割烹科一科でも履修できた。割烹科では品評会を開き、生徒は講師指導のもと、分担して作り、来賓の参観に供すという。授業料は、前述した通り、一ヶ月七〇銭と他より安価である。

下谷女子技芸学校は私立であるが、ほぼ同様の規程で、授業料は、本科一円、割烹の専修科六〇銭である。割烹科はやはり亀井まきが担当している。本校の設立者渡辺六郎は、貧民夜学も開設し無料で教育を授けているとも説明している。

このように、明治後期以降、さまざまな料理学校の形が各地に誕生した。地方や他の都市部を検討しなければならないが、少なくとも東京では、多様な料理学校、講習会などが設立されている。多くは、授業料からみて高等女学校に通える中流以上の階層の女性たちを対象としたものであったが、なかには技芸学校の割烹科のように比較的安価な授業料で開設した所もあった。それだけ、「料理を学ぶ」ことが求められた時代でもあったといえる。この傾向は、その後も続き、さらに広がりを見せることになろう。

女学校の調理教育

明治初期の調理教育

女子への調理教育のはじまり

明治五年（一八七二）、学制が頒布《はんぷ》され、小学校、師範《しはん》学校などが設立されていく。女子の学校は、女学校と呼ばれたが、初期の女学校は、何人かの男子も混じっていた。東京の女学校は、学制頒布以前の明治三年に、築地居留地に開設されたA六番女学校がはじめとされ、その後、官立の東京女学校の開設（一八七一年）もみられるが、英学、算術などを中心としたところが多い。学科目に食に関する内容がみられるのは、跡見《あとみ》女学校（一八七三年開学願）に養生法、櫻井《さくらい》女学校（一八七六年開学願）での家事管理、割烹などがみられる。女子の教育については、明治六年に来日して文部省学監となったアメリカの教育者デイヴィット・マルレーの意見書がのちの女子教育、とくに女子師範学校設立の布達に影響を与えたといわれる。マルレーは、女子は児童を教授する最良の教師であるとし、教科書のみの授業だけでなく、「一家の業」を学ぶべきと主張した（『東京の女子教育』）。

小学校では、裁縫教育は女子の必修科目に設置されたが、食教育を含む家事は設置されなかった。また、小学校の中や近隣に女子の教育のために女紅場《にょこうば》を設けたところもある。多くは裁縫などが主であったが、明治九年の大阪府での女紅場には、裁縫、紡績のほか、割烹法を教えるところもあったものの、設備が十分であったとは考えにくい。

小学校教員を養成する女子師範学校では、すでに食教育を意識しているところもあった。明治十年の『文部省年報』には、茨城県女子師範学校の「生徒招募規則」が記載されている。ここでは、「裁縫術」とともに「割烹術」がある。「割烹」については、「割烹ノ法ハ総テ旧来習慣ノ者ヲ用フルト雖《いえどもまま》間摂生ノ理ニ背クモノ有ルヲ以テ傍《かたわ》ラ西洋ノ割烹書ヲ口訳シテ之ヲ補フ」とある。すでに「西洋」を意識していたことがうかがえるが、実際に調理したというより理論として調理法を学んでいたともとれる。実習施設がまだ完備しているとは思えないからである。あるいは後に述べるように寄宿舎を利用したかもしれない。

明治十四年には、「小学校教則綱領」で、小学校高等科の女児に「家事経済」という科目が設置され、その中には割烹、食物が取り入れられ、そのための教科書が何種か作られたが、教員、設備の不足でほとんど実施はされていなかったと考えられる。

以上のように、学校において調理やその実習が教授されるようになるのは、各種の学校制度が確立される明治二十年以降まで待たなければならなかった。

尋常中学校女子部の調理実習

明治二十四年の中学校令中改正により、女子の教育機関として高等女学校が尋常中学校の種類とすると定められた。

ここに挙げる事例は、現在の高知県立高知丸の内高等学校の前身である高知県尋常中学校女子部の授業である。同高等学校の沿革によれば、高知県尋常中学校女子部は、明治二十年に開校され、総員一二九名を一年三学級、二年一学級に編成し、明治二十三年第一回卒業生一〇人を出している。明治二十六年には、中学校男子部から分離して高知県高等女学校として独立し、明治三十四年には、高知県立高等女学校と改称している。

資料の『割烹受業日誌《かっぽうじゅぎょうにっし》』（ママ）第一・二輯は、明治二十五・二十六年に、同尋常中学校女子部の卒業生により、編集・刊行されたもので、第二輯には合計二四人の卒業生の名前が記されている。第一輯の著者は、田所富世、第二輯の著者は西野たつ、一園とよとある。西野は第三回卒業生、一園は第四回卒業生のなかにその名がみえるが、田所は二四人のなかにはみられないのでそれ以前の卒業生とみられる。

第一輯には、「鰹魚《かつお》刺身　握鮨《にぎりずし》、散鮨《ちらしずし》」など六五の料理名が挙げられ、材料とその分量、作り方が書かれている。散鮨は下記の通りである。

散鮨　但し分量は十人前の割合とす　分量なきものは考合せにて宜《よろ》し

上白米	五合	砂糖	八匁	但シ出汁一升の割合
卵	四個	醤油	四勺	
魚肉	二十匁	生姜		
干瓢《かんぴょう》	五匁	沢庵《たくあん》		
椎茸《しいたけ》	十匁	鰹節		
出昆布《だしこんぶ》		橙《だいだい》	一個	
牛蒡《ごぼう》	一把			

作り方（略）

醤油についても分量が記されている。

また、第二輯には、一〇七種の料理名がある。「ぼらのまんぢゅうやき、いものにつけ、ぼらのすし、かぶのからしあへ……ぶりのてりやき……」など和食が多いが、なかには「おむれつ　びふかつれつ　さえび（小えび）ふらい洋式、魚肉しちゅう」と洋風料理もみられる。

はしがきには、「実地にこれを習はしめ」とあるが、割烹は四学年に置かれたとあるので、これらをすべて実習することは難しかったのではないか。

しかし、まだ中等学校の女子の教育機関が確立されていないなかで、調味料の分量まで細かく記載されるなどの調理教育が、一地方の学校の女子に対しておこなわれていたことは、きわめて珍しいことであろう。制度が確立されていなかったからこそ、地域によって独自の自由な教育がおこなわれたとも考えられる。

このような例は、まだ各所に埋もれているのかもしれないが、実生活にはまだほとんどなかった新たな料理を含めた料理を誰がどこで学び、指導したのであろう。ちなみにこの事例では、指導者は、「和田寅太郎氏を聘《へい》して其業《わざ》を授けしめ」とあり、家政科のなかの「割烹」としておかれているが、指導者の背景は詳らかにされていない。

高等女学校における調理教育

高等女学校の整備

明治三十二年（一八九九）高等女学校令が公布された。これにより、高等女学校は、独立した学校令をもつ女子中等教育機関として四年制と五年制の学校として出発した。明治三十二年には、三七校、生徒数約八八六〇人であったが、十年後の明治四十二年には、一七八校、五万一八〇〇人となった。大正期にはさらに増加し、大正十年（一九二一）には、生徒数は一五万四〇〇〇人以上となる。

高等女学校の課程の特徴は、同じ中等教育機関であった男子の中学校と比べて、学科課程が大きく異なることである。高等女学校教育の目的には、「女子ニ須要ナル高等普通教育ヲ為スヲ以テ目的トス」としているが、「女子に須要」としたところに、男子とは異なる教育課程を企図していたことがわかる。

明治十五年の「文部省示諭」などによると、女子には、徳育、情操教育、家事の教育が重視されていたことがわかる。つまり、英語、代数、幾何、三角法、経済、法令など男子に必要な科目は除いても習字、図画の時間を増し、家事経済の科目を設けて、養生、住居、割烹、出納、育児などを教育し、裁縫の科目を設けること、音楽の科目を設けることなどを計画していたのである。

高等女学校令が公布された明治三十二年、文部大臣樺山資紀《かばやますけのり》は、「女子の高等普通教育」について述べている。すなわち、「賢母良妻タラシムルノ素養ヲ為スニ在リ」、「優美高尚」「温良貞淑」を教育し、その上で中流以上の生活に必要な学術を授けることを求めている。

明治三十四年の高等女学校施行規則と同年の中学校の施行規則による科目をみると、男子にあって女子にない学科目は、漢文、法制及経済である。また、女子では理科としてまとめられている学科が、男子では博物、物理及び化学に分けられている。さらに、学科名は類似しているものの配当時間数が異なる。男子の時間数が多い学科は、国語、外国語、歴史、地理であるが、そのなかで外国語は、中学校は高等女学校の時間数の二倍以上となっているだけでなく、高等女学校では、置かなくてもよい科目でもあった。女子の時間数が多いのは音楽（中学校は唱歌）で、体操は同時間数であった。

これに対して、女子に固有の科目として置かれたのが、家事と裁縫の学科目である。このうち、より重視されたのは裁縫である。高等女学校には、裁縫は、一学年から毎年週四時間置かれたのに対し、家事は、四年制では三、四学年に週二時間ずつ置かれた。圧倒的に裁縫が重視されたのである。しかも家事は、衣食住、家計簿記、家事衛生、育児などを含む科目であったから、食物に関する時間は多いとはいえなかった。

明治三十六年に「高等女学校教授要目」が定められ、各学科の領域が明文化された。食物についていえば、「成分、性質、常用食品、嗜好品、飲料水、浄水法、水ニ依ル病毒伝播、献立、食器、庖厨具、割烹、其ノ実習、貯蔵」とされ、「割烹実習」は、第三学年でおよそ一〇回課すことを常例としたが、四学年にわたってもよいとしている。

明治四十三年高等女学校令中の改正がおこなわれ、家政に関する科目を修めようとする者のために「実科」を置き、同時に施行規則改正、翌年高等女学校教授要目も新たに作られた。調理については大きな変化がなかったが、「割烹」の実習は「飲食物ノ調理」の実習とその呼称が割烹から調理へと改められた。しかし、教科書でも現場の学校でも「割烹」の言葉は、第二次世界大戦終結までは使われた。家事の時間数などは大正期の改訂までは変化がなかった。

初期高等女学校の調理

女子高等師範学校名で印刷された明治二十六年十二月現在の「公私立高等女学校要項取調」の資料が残されている。これによると、全国二〇校のなかで、「割烹の実習」を何らかの形で実施していた学校は、二〇校中九校ある。それぞれの学校の実情がわかる記述なので、次に紹介してみよう。

女子神学校（東京）　日々三人ヅツ更番ヲ以テ校中ノ賄方ヲ担当セシム

同志社女学校（京都）　寄宿舎生ヲシテ交番晩食ノ用意ヲナサシム

京都府高等女学校（京都）　現在練習生ニ限リ毎週一回之ヲ課シ職員ノ昼飯ニ供ス

栃木県高等女学校（栃木）　毎学年三ヶ月間一週一回ヅツ料理法ノ講義ヲナシ生徒ヲシテ之を見習ハシム

私立岩手女学校（岩手）　毎日三人ヅツ一組トナシ毎週聴講セシ所ニ基キ食品二三品ヲ料理セシメ実費ヲ分担シテ昼飯ニ充ツ。又一ヶ月一回本膳ノ練習ヲナシ職員其客分トナルコトトナリ

福井県高等女学校（福井）　寄宿生ニハ交番ニ之ヲ実習セシム

私立静岡女学校（静岡）　三人ヅツ交代随時練習セシム

高知県高等女学校（高知）　生徒ヲシテ献立ヲ作リ物品及ビ代価ヲ書出サシメ又時トシテ教師ヨリ命令スル

市立大坂高等女学校（大阪）毎週二回本科四年ニ之ヲ課ス。一月一回会席料理ヲ実習シ其献立ハ帳簿ニ記載シテ受持教員ノ批正ヲ乞ヒ職員及実習ノ生徒共ニ之ヲ食シ後批評セシム

この中にある高知県高等女学校は、前述の卒業生が記録を残した学校で、かなり熱意を持って調理実習教育をおこなっていたことがうかがえる。しかし、寄宿舎で賄いを兼ねて実習している様子から、まだ実習室の整備が十分ではなかったこともうかがえる。ほかにも、制度が完備していないなかで、実質的な調理実習がおこなわれていたところも存在したといえる。『前橋女子高等学校六十年史』から群馬県女学校の明治十七年の教則をみると、割烹、理髪は寄宿生徒に毎学期を通して正課時間の他に練習させるとある。寄宿舎の食事準備をすることで調理技術を身につけさせようとしたことが、この時期、各地の女学校で実施されていたとみられる。

割烹教科書

家事の教授には、文部省検定により「家事教科書」が刊行され、何種類かの教科書から選択されて各学校で必ず使われた。しかし、「割烹」「お割

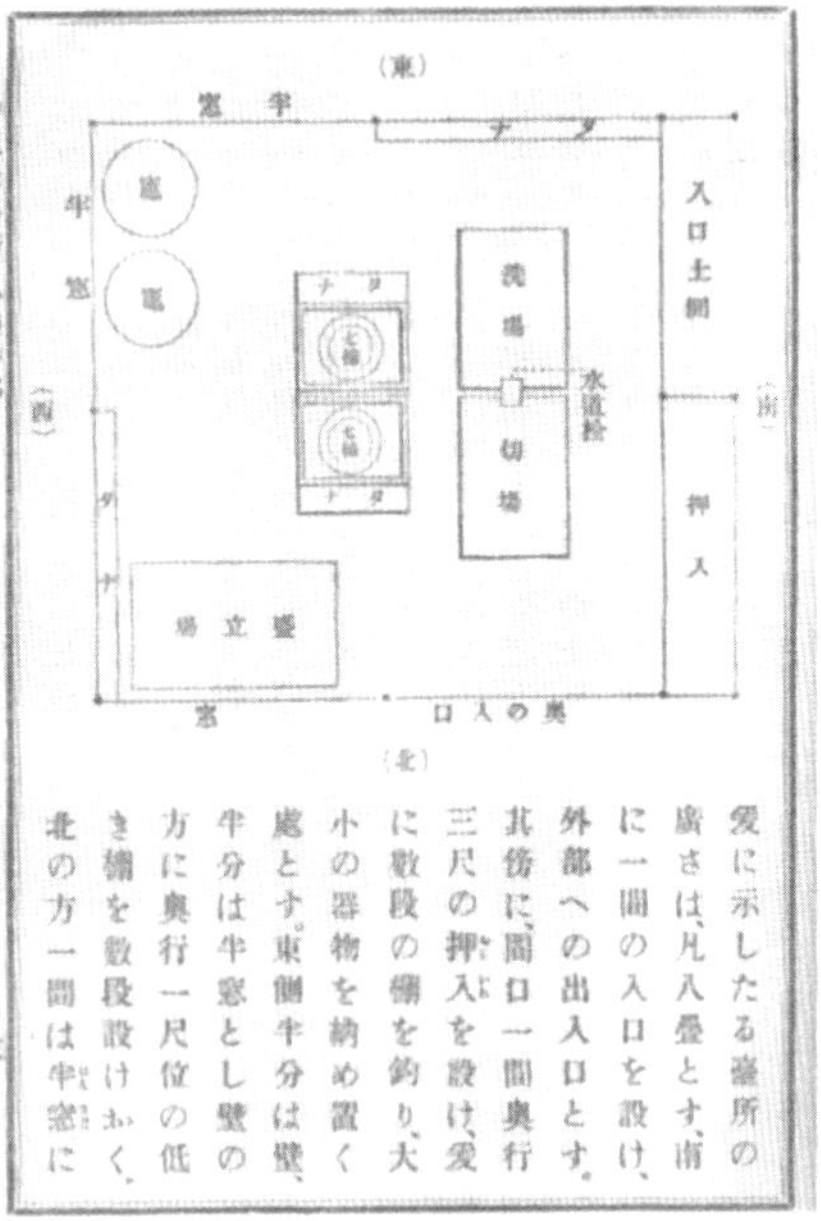

図16　喜多見佐喜『割烹教科書』道具類

烹」とも呼ばれた「割烹実習」は、「家事教科書」には具体的な記述はなく、別に「割烹教科書」が刊行された。明治四十一年はじめての検定教科書『割烹教科書　心得の部』と『割烹教科書　実習の部』が刊行された。女子高等師範学校の教員で喜多見佐喜が著者となっている。このなかには、「早急に作る食事」の献立が示されているが、興味深いのは、その後の具体的な準備の仕方である。

「主婦はまづ下女を豆腐屋に奔《はし》らせ、自らは手早く二個の七輪に火を準備し」と記し、そこに鉄瓶をかけ、その間に膳部の器具の準備、漬物の用意をするなど、懇切ていねいに説明しているだけでなく、使用人を使う能力についても求めていることである。会食の際には、主婦は接待役であるため、前もって「下婢」を監督して調理させることなどについても述べているのは、この時代、高等女学校に通う生徒の多くが、使用人のいる中流以上の家庭の子女であったからである。

家事の高等女学校要目の「整理及経済」の領域には、「婢僕ノ選ヒ方、扱ヒ方、仕事ノ分担」があることからも前述の記述が当時授業を受ける生徒たちにとっても必要な内容であったといえよう。

『割烹教科書　実習の部』では、日用総菜料理と西洋料理に分かれている。赤の飯、桜飯などの簡単な炊き方、結び細針魚《さより》のすまし汁、鱈《たら》と人参の煮附、蝦《えび》の具足煮《ぐそくに》、豚の吉野煮などの主菜、里芋煮附、馬鈴薯《ばれいしょ》煮附、筍《たけのこ》うま煮、ふきの唐煮《からに》、あみの佃煮《つくだに》などの副菜に分けて記述されているものの、一回の食事ごとの実習構成ではない。西洋料理は、スープ、ビーフステーキ、ビーフコロッケ、ビーフカレー、チキンカレー、タンシチュウなどがあるが、分量は記述されていないものと記されているものとがある。

『割烹教科書』が検定教科書として刊行されたのは、この教科書以外確認していない。その後に刊行される割烹教科書は、扱いとしては参考図書であった。そのためもあるのか、各学校の実習は、必ずしも教科書を使っておこなわれるとは限らなかった。しかし、教科書の影響と思われる内容が各学校で実施され、それは大都市も地方都市も同様で、いくつかの実施例をみても地域性は、ほとんどみられない。

明治後期に山口県で刊行された割烹教科書『家事科用割烹教本　全』（中田松次郎　一九一二）をみてみたい。著者中田松次郎の肩書きは、山口県柳井高等女学校割烹講師となっている。

同書では、四月から翌年三月までを各学年に実習できるよう編集している。米飯の炊き方からはじまり、汁、煮付、和え物など日本料理が多いが、その間にカステイラ、フカシパン、ソーダビスケットなどの菓子、オニオンオムレツ、ビーフコロッケ、ビーフカレー、ビーフサンドイッチなどの洋風料理が組み合わせてあり、和洋折衷の組み合わせともいえよう。この点では、前述の喜多見の教科書と大きくは変わらない。

この教科書が出された明治四十四年の三年後、大正三年の『全国高等女学校ニ関スル諸調査』によれば、山口県には、九校の高等女学校があり、柳井高等女学校は玖珂《くが》郡立となっており、生徒定員二〇〇人に対し、一〜四学年合計の在籍者は、一八〇人である。明治四十一年の同調査に同学校は見あたらないので、この間に設立されたようだ。

山口県立柳井高等学校創立百周年記念誌『百年のあゆみ』により同校についてみると、明治四十年、柳井高等小学校校舎の一部を借りて柳井町立柳井女学校を開設し、同四十三年柳井町立柳井高等女学校となり、大正三年、山口県玖珂郡立柳井高等女学校と改称し、同十二年には山口県立柳井高等女学校となったとある。明治四十三年六月には割烹室と理科室ができ、音楽室にもピアノが入ったという。この割烹の教科書は、学校開設の頃に同校の教科書として使用するために刊行されたとみられる。『百年のあゆみ』の大正期の割烹室の写真をみると、レンガで作られた調理台、流しと竈《かまど》がみえ、和服に割烹着を着た生徒たち二〇人ほどが写っている。教科書に描かれている割烹器具のなかに「煉瓦《れんが》製据置竈」があり、柳井高等女学校の施設を想定して描いたものと推察される。

このように、明治時代の終わりには、各地域の高等女学校で割烹室が整備され、実習がはじめられたようだ。

明治後期の調理実習

教科書での実習内容が、どこまで実際の学校で実施できたのであろうか。とりわけ西洋料理については、地域によっては、材料が手に入りにくいばかりではなく、フライパンなど器具も十分ではなかったのではないかという疑問がわく。実際の調理実習がどのように実施されたかをみるには、当時の生徒のノートや日記などから推察することができる。系統的に集めることは難しいが、それでも当時の状況を推察できるであろう。

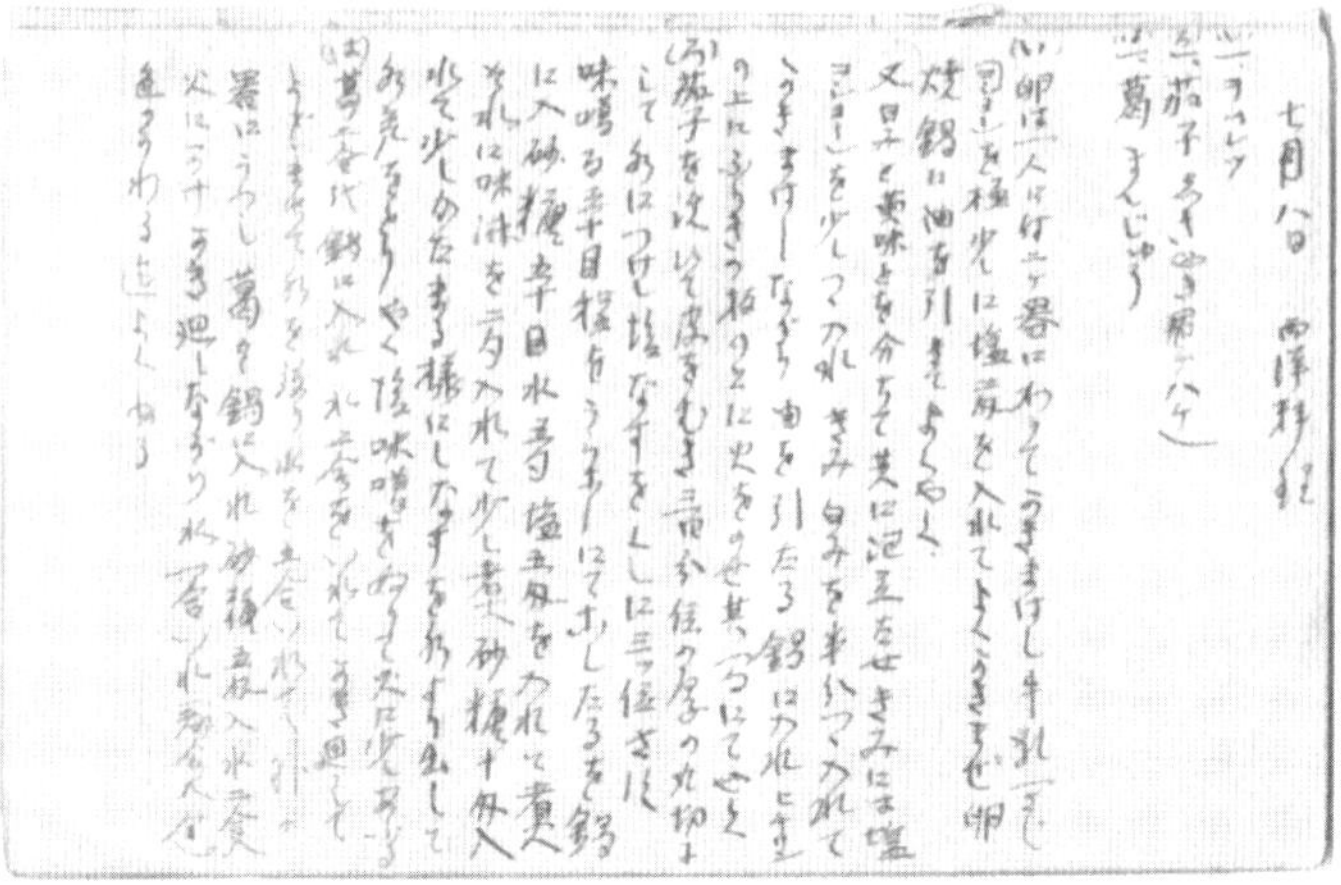

図17　料理おぼへちょうノート

明治後期についてみると、明治三十八年の生徒のノート「料理のおほへちやう」がある。裏側からは「唱歌帳」として使っており、「新年始業」の歌詞が記されている。橋本の記名はあるが、どこの学校か明らかではない上、高等女学校かどうかもはっきりしない。しかし、日付があるため、六月十日よりはじまっている実習は、次の実習が二十四日という具合に、二週に一回の割合で三〜四種の実習がおこなわれており、次に紹介する広島高等女学校の実習に類似した形であるという点で、高等女学校の実習と推察することはできる。残念ながらどこの学校かもわからないが、実習に使われた材料に「なまりぶし、代わりにめじ」とあるところから、めじ（まぐろの幼魚メジマグロとも）が使われる関東周辺、静岡あたりではないかと想像している。

六月十日の実習は、なまりぶし、代わりにめじ、茶巾《ちゃきん》そらまめ、いちごかんの三種。七月八日は、西洋料理として、オムレツ、茄子《なす》しぎやき　葛《くず》まんじゅうの三種といった具合で西洋料理とはいえ、組み合わせとしては和洋折衷《せっちゅう》である。そのほかは、三月まで西洋料理は見あたらない。しかし、「三月終わり」としたあとに、各種料理の紹介メモらしきものがある。そのなかには、にしめ、白和《しらあ》え、蒸し羊羹《ようかん》などがあるが、西洋料理では、「ハッシビーフ、ミトボール、牛肉カツレツ、牡蠣《かき》スチーウ」などがみられる。

また、広島県立広島高等女学校の生徒（北川）が残した明治四十年の入学から同四十四年三月の卒業までの日記には、授業内容がていねいに記述されている。『全国高等女学校ニ関スル諸調査』（一九〇八）によると、明治四十一年の広島県には三校の高等女学校がある。県立広島高等女学校は、四年制で、四〇〇人の定員に対して、在籍生徒は三五一人であった。

前述したように、家事は三、四学年に置かれた。広島高等女学校でも三、四学年に置かれている。しかし、実習は、四学年（明治四十三年）四月から記述されるようになる。

記述を紹介してみよう（明らかな誤字は修正し句読点は読みやすいように付けた）。調理実習と生け花を一週おきに実施している。

四月十九日（火）

楽しきまちにまちたる割烹なり。家事教室にてお話を承り筆記をなして割烹室に至りて先生のご命令の許《もと》に立ち働き、御飯を煮、清汁《すましじる》、煮〆《にしめ》を作りて後、これをいただきたり。実に面白きは割烹の業《わざ》なり。割烹も当番有りし。

五月二日（月）

明日はうれし割烹の日なり。歴史復習後は割烹前かけのつづきを縫い終れり。

五月三日（火）

割烹にては、筍《たけのこ》飯、清汁、甘煮をなしぬ。今日は御飯は我組なりしにいともよく出来、先生よりも賞められたり。

五月十七日（火）

割烹にて変わり飯、魚の塩（焼）、寄せ物をなし後にておいしく是を食いたり。

五月三十一日（火）

四校時、五校時は割烹にて変わり飯、ビフテキ、汁、二色洋かん《（ママ）》をなせしが、我は定夫さんのごしょーじん（精進）なればビフテキ、汁は食べなりき。

六月十四日（火）

本日は都合により割烹は三四校時になし。御客様に御料理を差上げたり。御膳立には刺身、吸物、胡瓜《きゅうり》もみ、フライ等にてわずか四人前なり。されどもなれぬ我等には一通りの事にはあらざりき。

六月二十八日（火）

一週間の中、日曜と本日が一番楽しき日なり。割烹は、普通の御飯に魚のフライ、馬鈴薯のコフキ、清汁、珈琲《コーヒー》をなしておいしく戴けり。

七月十二日（火）

割烹には、巻きずし、胡瓜もみ、蒟蒻《こんにゃく》の白和をなす。

九月六日（火）

割烹は練習物をなす。

九月二十日（火）

割烹には、月見《つきみ》じるつくり、卵子《たまご》、擬製《ぎせい》豆腐を作りて、つくり卵子はだるまとなし、月見しるはいと〱おいしかりき。

一月十日（火）

割烹は当番なれば忙し。今日はカステイラをなせり。三枚は焼きて今一枚は残りの火のみにて焼かんとなせし為遂に焼けず。明日までそのままにして置く事となりぬ。

一月二十四日（火）

午後よりは割烹をなしたり。本日はパンとキャベツ巻をなす。パンはカステラより砂糖を少し（1／3）くらいにて粉は多くになす。キャベツ巻は肉をよくたたいて胡椒《こしょう》と塩をつけ、後、油にてやき、粉にてぬり置き、お葉のうでたるにて、まきくくりて、フライパンにて水をいっぱいに入れて、薬味《やくみ》をつけてねっするなり。

以上のように、隔週で実習がおこなわれており、それを楽しみに待っていたことがうかがえる。なお、五月三十一日は、前日に姉の子どもが病死したために、「精進《しょうじん》のため」牛肉を食べなかったとしている。実習したものをまとめると、以下のようになる。

和食　①筍飯、清汁、甘煮　②変わり飯、魚塩焼き、寄せもの　③巻きずし、胡瓜もみ、
　蒟蒻白和え　④月見じる、卵子、擬製豆腐
折衷　①変わり飯、汁、ビフテキ、二色羊かん　②刺身、吸物、胡瓜もみ、フライ　③
　ご飯、清汁、魚フライ、馬鈴薯のコフキ、珈琲
洋風・菓子　①パン、キャベツ巻き　②カステラ

実習の半数は、和食であるが、あと半数は和洋折衷あるいは洋風である。地方都市の実生活は、まだ洋風の料理は普及していなかったが、高等女学校では積極的に和洋折衷料理を取り入れた教育がおこなわれていたことがうかがえる。

大正期の調理実習

大正期には、高等女学校数も増加し、生徒数はさらに増加する。大正十年に、一五万四〇〇〇人余りに増加していた生徒数は、五年後の大正十五年には、二九万九〇〇〇人以上となり、さらに昭和五年（一九三〇）には、三四万人以上となり、昭和十年、約三八万人、昭和十五年には五二万人、二十年には、八七万六〇〇〇人と中学校の男子より多くなっていた。

明治四十三年に開校した前橋市立高等女学校は、明治四十五年群馬県立前橋高等女学校と改称された。そこで学び、大正七年三月に卒業した生徒の一人が、家事および家事実習ノートを残している。大正七年は米騒動のあった年である。そのノートはおそらく大正六年に記されたものと思われる。家事科の授業は、三学年・四学年に置かれ、実習は四学年に置かれていたからである。大正六年の調査によれば、前橋高等女学校の四学年の生徒は、八四人、二クラスであった。

実習ノートには、実習月日、献立内容、材料と分量、作り方のほかに、毎回の費用が記されている。実習は、五月二日から毎週おこなわれ、二月七日まで二八回続いている。おもな実習を紹介すると次の通りである。

一学期の実習例

＊ご飯、皿（煮付焼豆腐）・蕗、小皿（浸《ひた》し物）

＊飯、味噌汁、皿（筍酢味噌和へ）

＊米飯、味噌汁、皿（豚ノ味噌焼）・粉吹《こふき》馬鈴薯、青さやゑんどう、葱油煎り

＊オムレツ（和風）、蓮根更紗和《れんこんさらさあ》へ、馬鈴薯寄せ物、菓子（磯松風《いそまつかぜ》）

＊病人食—梅漬、粥《かゆ》、半熟玉子、衛生羹《えいせいかん》、カスタードクリーム

＊アイスクリーム、桃のジャム

二学期の実習例

＊さくら飯、皿（馬鈴薯のオムレツ）

＊おはぎ、茄子漬（小豆餡・黒ごま・黄粉）

＊月見料理—月見汁、でんがく（里芋・こんにゃく）、茶せん茄子、南瓜羹《かぼちゃかん》

＊赤飯《せきはん》、煮しめ、菓子（さつまいも）

＊コロッケー、林檎《りんご》、菓子（ドーナッツケーク）

＊正月料理—重詰、雑煮、汁粉、数の子、照田作、寄せ蜜柑（三回分）

三学期の実習例

＊ちらし五もく、白和へ

＊略式膳部—吸物膳、口取、刺身、甘煮、酢の物、碗盛り

＊トーストクレアースープ、フィッシュケーク、スポンヂケーク（カステイラ）

＊ビーフスチュー、ライスカレー、アップルフリーターース、ハードソース

米は五升で、「三升と二升と分けて炊く」とある。一人一合とすれば、一クラス四五人程度であるから二つの釜でいっしょに炊いたものと考えられる。前述の山口県の実習室の事例からみても、この時代、米は竈で一度に炊いていたといえよう。

最初の実習日のノートに、「十一人前」とあり、四五人程度の生徒が四班くらいに分かれて実習したと考えられるが、『前橋女子高校六十年史』にある割烹室の写真からみると、一台に四、五人で実習しているので、二班分の材料であろうか。平均の実習費は九銭四厘となる。また、同校では、大正二年新校舎が落成し、割烹室に瓦斯《ガス》装置が入ったという。

授業とは別に寄宿舎でも四年生が献立を立て、各室二人ずつ当番が一日交代で受け持ち自炊している。飯は竈で炊き、汁やおかずはガス七輪《しちりん》で作り、米とぎ、味噌すり、漬物の

用意は下級生の仕事であったという。弁当も作って登校している。四〇人ほどの寮生は、八人ずつのグループでそれぞれ作る食事も異なっていたという。当時、高等女学校の授業は役に立たないとの批判が広がったが、地域の高等女学校では、授業とは別にこのような実地を通して、調理技術も案外身についたのではないかと思われる。

実習内容は、日本料理がベースとなってはいるが、オムレツをはじめ、和洋折衷料理、洋風料理も多い。家庭ではまだ洋風料理は一般的なものではなかった時代のこと、高等女学校での調理実習は、地域の食というより、和洋折衷を取り入れた新しい食への視点が強く、各地域の食生活とは無縁な内容であったと考えられる。

計量重視の昭和の実習

大正期以降にも何種かの割烹教科書が刊行され、次第に「科学的」教育が求められるようになり、とくに昭和に入ると教科書における分量が細かく明記されるようになる。

北村すゑのは、東京女子高等師範学校卒業後、一五年間高等女学校で調理実習を教えた内容をもとに『現代割烹教科書』（一九二五）を著している。料理内容は、明治期と大きく変わるところはないものの、ほとんどの実習が、一汁一菜から二菜の食事構成を基本とした実習を組んでいること、メートル法と尺貫法を併用しつつ分量を細かく提示していることとは大きな変化といえる。たとえば、「白飯・カツレツ・酢のもの・白玉《しらたま》・糖蜜《とうみつ》」「白飯・吸物・オムレツ・金玉糖《きんぎょくとう》」「白飯・ビフテキ・生キャベツと粉ふきいも・胡瓜《きゅうり》の白胡麻酢」などである。

さらに、材料と分量が表になり、価格や自己評価などを生徒に記載させる欄を設けた形が一般化する。高等女学校で多年家事科を担当してきた郡敏子・鉄谷初江による『割烹実習書』（一九三五）の例では、材料と分量を表にし、メートル法による分量が表記されている。計量では容器により実際に測定した結果を表にして生徒が実験してそこに分量を書き入れる方式にしている。自己評価をみると、炊飯に苦労している様子がうかがえる。西洋料理は英語で料理名が記されている。いずれにしても数値を細かく指定することが、次第に強化されることになる。

また、栄養的内容も強化されるようになる。「家事教科書」の内容は、明治時代から衣食住、育児、家事経済、看護など家事全体が含まれていたが、食については、栄養、食品、調理、献立、食器などが含まれていた。その基本的な内容は変わりがなかったが、詳細に調査すると、数量の扱い方などに変化がみられる。表は、教科書に掲載されている献立例の数量的記述の変化をみたものである。

表　献立例にみる数量的記述

	明治期 1876—1912	大正期 1913—1926	昭和戦前期 1927—1943
調査教科書種類数	26	30	20
献立例のある教科書	12(46%)	15(50%)	16(80%)
分量が記載された教科書	1(8%)	8(53%)	13(82%)
尺貫法使用	0	5	3(両用1含む)
メートル法使用	1	3	11(両用1含む)

注　江原（2009）より作成

昭和になると、献立の内容だけでなく、教科書の八割以上に分量の明記があり、数量的な視点が重視されるようになることがうかがえる。

家事教科書中の記載頁数が増加したものとして、食物の摂取量を示す「食量」および食品の成分を数量的に扱う「食品分析表」がある。「食量」については、大正期には二〇%の教科書にしか記載されていなかったのに対して、昭和期には、八五%の教科書に取り上げられている。「食品分析表」では、大正期には、六〇%の教科書で取り上げられ、昭和期では、調査した二〇種の教科書のすべてに掲載されている。

明治二十年、東京衛生試験所の田原良純《たわらよしずみ》により、日本人に合わせた保健食料（今日の栄養摂取基準に類似）が算出され、常用食品の成分表も発表された。大正十年、内務省栄養研究所が開設されると、栄養学の研究

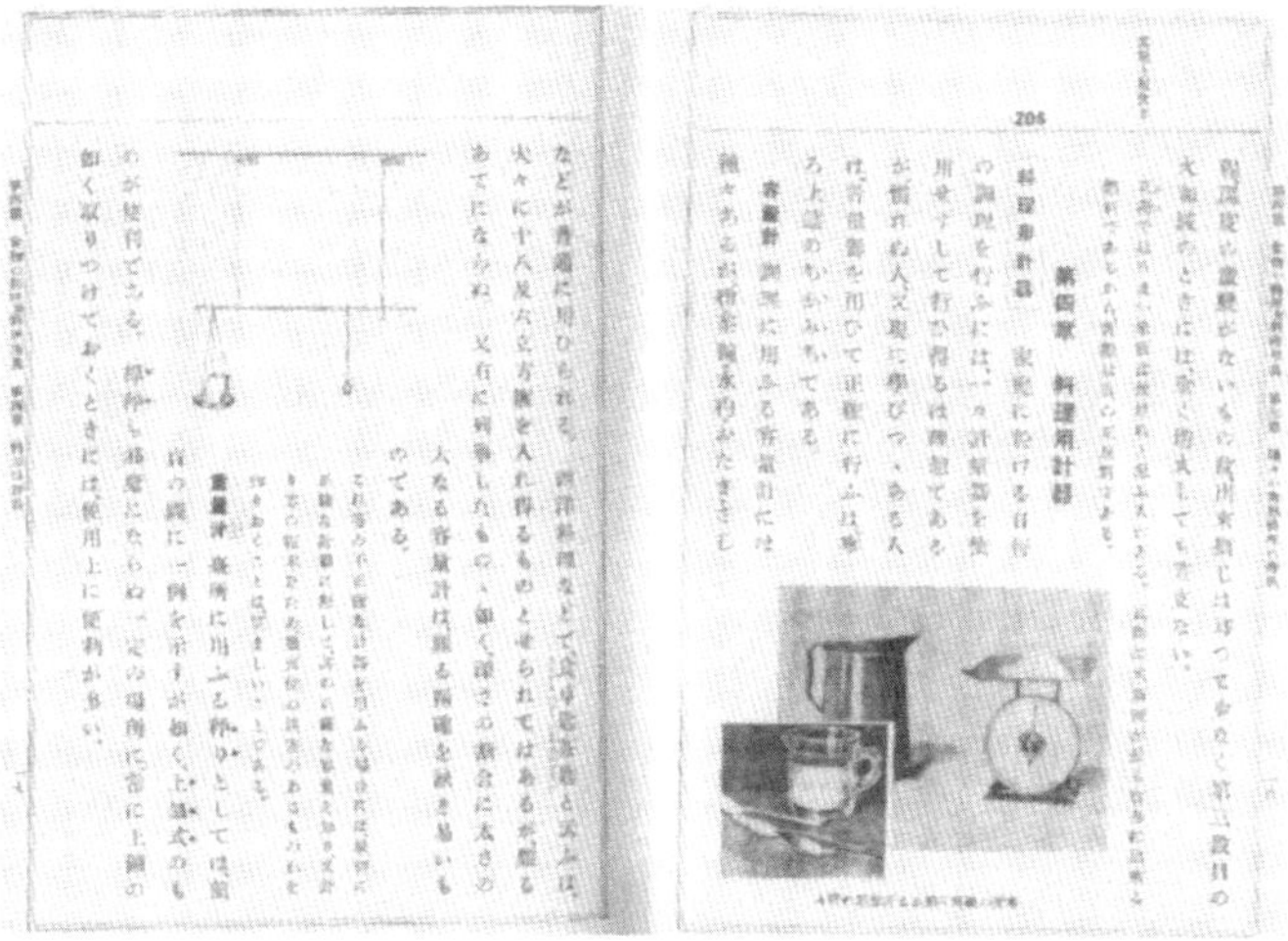

図18　近藤耕蔵『新編家事教科書』料理用計器

が進み、一般への栄養教育も少しずつ広がりをみせる。大正十年頃から「科学教育」が強調されるようになり、献立例にもこのような流れが影響し、調理実習にも「科学的」教育が推進された。

東京女子高等師範学校の物理・化学の教員であった近藤耕蔵は、自身が著した家事教科書『新編家事教科書』（一九二七）に、「料理用計器」を挙げ、容量計、重量計の写真、図などを掲載して解説を加えている。

また、近藤は、その著「女学校に於ける食物教育」（『食物講座』一九三七）のなかでも、計量について説明し、学校のような教授時数の少ないところで教育効果を上げるためには、正確な分量を計器により計ることであると述べている。目分量主義は、不経済な教育法で忙しい世の中では忍びがたいものと記し、割烹の教師が目分量や手加減でおこなうことに誇りを感じるのは教師として不適切とまで述べている。

前橋高等女学校の調理実習例でみた通り、材料に数量を明示する形は、多くの学校で実施されていたと思われるが、昭和初期からは、これに栄養的視点も加わる実習がみられるようになる。

昭和八年六月に、群馬県立沼田高等女学校でおこなわれた「県下高等女学校家事科研究会」の四学年の研究授業では、次のような「割烹実習」が実施された（『沼女五十年』）。

材　料

ライスカレー　米、豚肉、玉葱、人参、馬鈴薯、青豌豆《えんどう》、ラード、カレー粉、メリケン粉、スープ、塩、胡椒

添　福神漬

胡瓜もみ　胡瓜、青紫蘇《あおじそ》、麩《ふ》、塩、三杯酢《さんばいず》（酢・砂糖・塩）

水羊羹《みずようかん》　寒天《かんてん》、砂糖、白餡《しろあん》、水、塩

この実習の目的には、簡単な西洋料理ライスカレーの作り方を指導し、調和する料理を

授け、家庭における来客用とし、日常用としても応用できるようにとしている。その材料、分量のリストには、蛋白質《たんぱくしつ》およびカロリーが記され、今回の実習で一人分蛋白質が一五・六三グラム、カロリーが二八三・八カロリーと小数点以下まで詳細に記述している。

同年十一月、隣の栃木県では、県立佐野高等女学校において「県下中等教育研究会　女学校部会家事科研究会」が開催され、県立佐野高等女学校四学年に対し、研究授業として「割烹実習」がおこなわれている。その内容は下記の通りである（簿冊「昭和七年度女子師範高等女学校部会」宇都宮女子高校蔵）。

スカッチエッグ
人参《にんじん》菠薐草《ほうれんそう》ゴマ酢和へ
カレー椀
香ノ物
御飯
御菓子　カステラ

材料の記録は残っていないが、実習の目的に、郷土材料、季節の考慮、栄養分及び食品の配合、一人分二五銭以下などが挙げられ、「準備、当番の仕事」として献立表の作成、熱量表の計算、買物ノ注文などが挙げられているので、分量表示はもちろん、栄養価計算をしていたことがうかがえる。教科書等だけでなく、研究授業とはいえ、実際の授業のなかでも計量と栄養価計算など数量化が「科学的」教育として重視されていたといえよう。

昭和の実習ノート

授業を受けた生徒のノート等が残ることは、まれなことなので、筆者が集めたノートを検討することになる。東京の調理実習を二件紹介しよう。

東京高等師範学校附属高等女学校の実習は、献立ごとに実習する形ではなく、どちらかといえば同類の調理法をまとめて実習する形をとっている。そのため、食事としての形が、白飯、散鮨《ちらしずし》、筍飯、玉子清汁、いちごゼリー、焼魚、隠元《いんげん》の胡麻よごし、苺汁入ゼリー、小蕪《こかぶ》味噌汁、豌豆《えんどう》飯、味煮付、水羊羹、サンドイッチ、アイスクリーム、ロールスポンジケーキ、カップケーキ、支那肉饅頭《にくまんじゅう》、五色お萩、親子丼など六六品目あり、洋風、中国風、和風など取り混ぜて実習している。この実習ノートには、栄養的な記述はないが、「牛乳二〇cc、寒天一・五g」など、細かく分量が記載されている。このノートの興味深いところは、「経験」、「試食後の感想」「これを基にして考へた料理法」が記されていることである。

ノートの「7隠元の胡麻よごし」のあとに、「大層おいしうございました。これでやつと一膳作ることが出来る様になりまして嬉しくてたまりませんでした」とある。それ以前の実習からみると、「白飯（筍飯）、玉子清汁、焼魚、隠元の胡麻よごし」がある。おそらく一汁二菜の組み合わせを二、三回に分けて実習しているといえよう。

アイスクリームの実習では、「冷たくておいしう御座いましたが余り固くなく直にとけて了ひました。売屋の様に固くするのは長く冷やしておくためで御座いませうか」とあり、さらに、ドーナッツでは、「割合に固すぎると思ひました。私はもつと油つこい方が好きで御座います」とある。すでに、アイスクリームやドーナッツは、生徒の家庭で一般化していたものと思われる。さらに、カップケーキの実習では「大層おいしう御座いまして、家でも大喜びで早速作ることに致しました」と、実習したことを家庭で作ったこともあるといえるが、生徒たちは、お菜などより菓子に興味があったようだ。コロッケの実習では、お弁当のお菜にしておいしかったとあるために、この実習が食事となるような組み合わせの実習ではなかったことがうかがえる。材料は五人前で記されているため、五人ずつの班で実習がおこなわれたことがわかる。

東京府立第五高等女学校の五学年の実習を紹介しよう。実習がおこなわれた昭和九年度は、同校の生徒数は、九五三人、五学年は一七八人、四クラスであったから、一クラス約四五人であった。日付からみると、四月十日から翌年三月五日まで一六回程度実施されている。日付のないものもあり、一度に実施された実習が明確ではないものがあるためである。一学期の実習をあげると左記の通りである。

*白御飯の炊き方、味噌汁、大根の酢の物　四月十日
*鉢（魚田《ぎょでん》・せん生賀《しょうが》(ママ)）、お椀かき玉子　四月十七日
*お碗盛り（海老と三つ葉卵とじ）、煮物　四月二十四日
*筍飯、御椀（菊花豆腐《きっかどうふ》　木の芽）、お菓子（糸切団子《いときりだんご》）
*五目寿し
*オムレツ、冷やし紅茶、パン（ハアッ(ママ)ビスケット）　六月二十六日
*ジンボンスカップ、マッシュユウポテト
ストリユグビーンズ　七月十日
*お吸物、よしのあげ、卵子焼、サンドウイッチ　七月十七日

二学期以降は、「恵比寿講《えびすこう》の夜の献立、七五三の料理、雛祭《ひなまつ》りの御料理、上巳《じょうし》の節句」など、行事食を重視した献立がみられる。

また、ノートのところどころに新聞の料理の切り抜きが貼ってあり、その解説がある。

「老人幼児向キノ野菜煮込ミ」、「幼稚園児ト小学生ノオ弁当」などや「貧血性ニヨイ肝臓ノ玉子焼」などテーマ別の献立がみられるのが特徴であろう。このノートにも栄養価計算などはみられないが、分量は比較的細かく記されている。

次に紹介する島根県益田高等女学校（昭和五年度）の実習は、第三学期（一月から三月）しか残っていないために全体像はつかめないが、毎週実施され、三月までに一〇回の実習がある。以下一部を紹介する。

＊お正月雑煮《ぞうに》、黒大豆煮付け、蕪菜《かぶな》のアチヤラ漬

＊ヴエジタブルスープ、Boiled Beef　コンスターチプデイング

＊馬鈴薯の吉野あん、搔き卵、パンケーキ

＊Hashed Beef　Cold Fish　葱《ねぎ》・鯨《くじら》の酢味噌和へ

＊魚のバタ焼、マシュポテト、スチュードビーフ、泡雪《あわゆき》かん

これは、ノートではなく、教師による実習用プリントである。食材の量、価格を入れるような表が作られていて、作り方がある。英語と日本語が混在していて統一感もないが、当時この地域にはまだ洋風料理も一般化してはいない。かなり特殊な実習であったが、それが嬉しかったとそのプリントの所蔵者は語っていた。ここでは、栄養的な計算はないが、

「バター・五㎝、林檎〇・三㎝、牛乳〇・二七ℓ」など細かな分量指示がある。

これを指導した教員は、東京女子高等師範学校を卒業したばかりで同校に赴任している。

次の例は、昭和七年の群馬県立桐生《きりゅう》高等女学校で独自の割烹教科書『割烹教授要項』を使っておこなったとみられる実習である。一学期に一四回、二学期に一四回、三学期に八回の実習を置いている。昭和七年の同校の四学年までの在籍者は五七三人である。このテキストには、「四菊　宮川」とクラスと記名があり、四年菊組と考えられるので、四学年で実習したとみられる。四学年は、一三七人、三クラスであった。

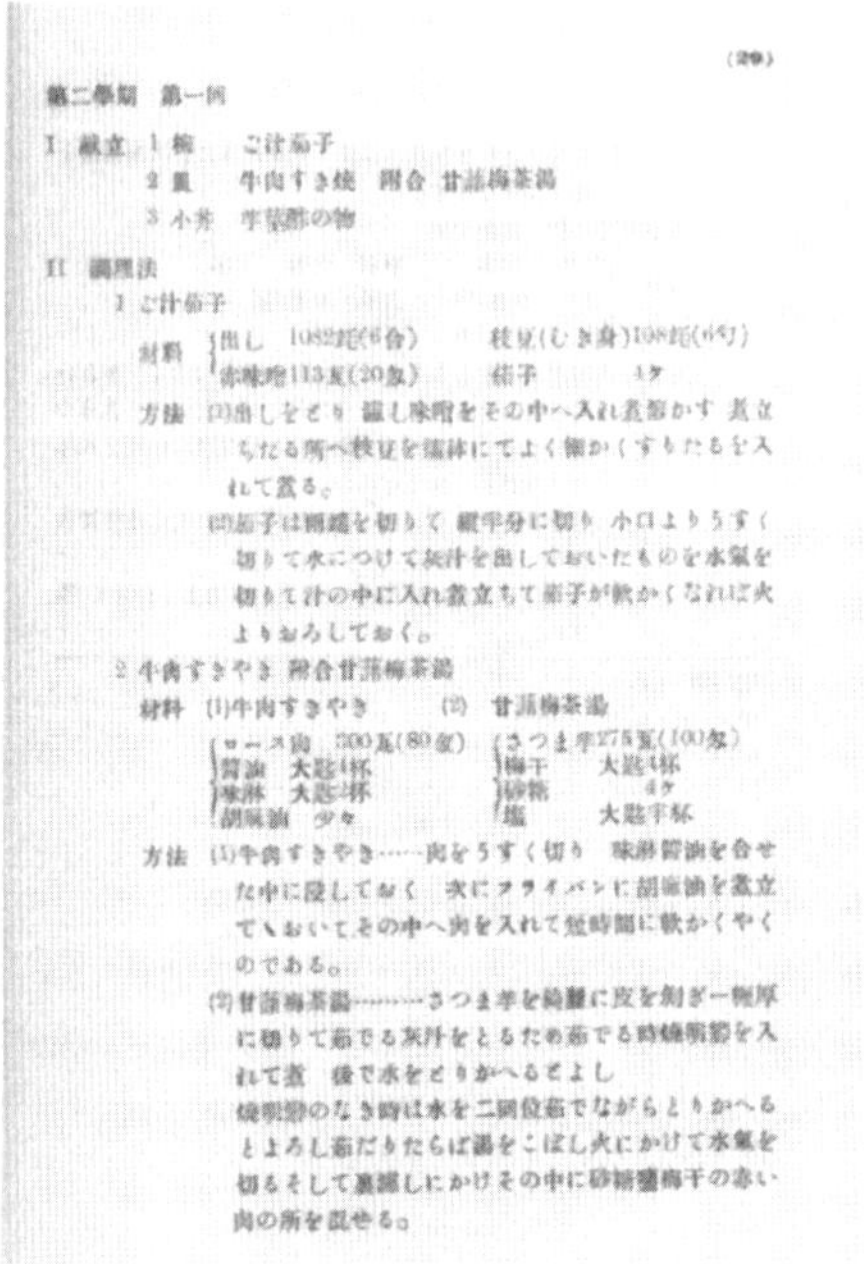
(29)

第二學期　第一回

I　献立　1 椀　ご汁茄子
2 皿　牛肉すき焼　附合 甘藷梅茶湯
3 小丼　芋莖酢の物

II　調理法

1 ご汁茄子

材料 出し　1082瓦(6合)　枝豆(むき身)108瓦(6勺)
赤味噌113瓦(20匁)　茄子　1ケ

方法 (1)出しをとり 漉し味噌をその中へ入れ煮溶かす 煮立ちたる所へ枝豆を擂鉢にてよく細かくすりたるを入れて煮る。
(2)茄子は胴蔕を切りて 縦半分に切り 小口よりうすく切りて水につけて灰汁を出しておいたものを水氣を切りて汁の中に入れ煮立もて茄子が軟かくなれば火よりおろしておく。

2 牛肉すきやき 附合甘藷梅茶湯

材料 (1)牛肉すきやき　(2) 甘藷梅茶湯
ロース肉　300瓦(80匁)　さつま芋275瓦(100匁)
醤油　大匙4杯　梅干　大匙4杯
味淋　大匙3杯　砂糖　4ケ
胡麻油　少々　塩　大匙半杯

方法 (1)牛肉すきやき……肉をうすく切り　味淋醤油を合せた中に浸しておく　次にフライパンに胡麻油を煮立てゝおいてその中へ肉を入れて短時間に軟かくやくのである。
(2)甘藷梅茶湯……さつま芋を綺麗に皮を剝ぎ一糎厚に切りて茹でる灰汁をとるため茹でる時燒明礬を入れて煮　後で水をとりかへるとよし
燒明礬のなき時は水を二回位茹でながらとりかへるとよろし茹だりたらば湯をこぼし火にかけて水氣を切るそして裏漉しにかけその中に砂糖鹽梅干の赤い肉の所を混ぜる。

図19　桐生高等女学校『割烹教授要項』

内容は他と類似している。一学期は、炊飯・味噌汁・菠薐草《ほうれんそう》浸しからはじまり、ビーフステーキ、サンドウイッチ、ライスカレー、ビーフカツレツなどもある。二学期は、牛肉すき焼き、お萩、巻き焼き卵、松茸飯《まつたけめし》、新年重詰め等の和風料理にチキンライス、オムレツ、シチューなどの洋風料理、三学期は、豚肉つくね入りの味噌汁、ハヤシライス、「支那」料理、雛祭料理などが置かれている。材料の分量は、味噌一八八瓦《グラム》（五〇匁《もんめ》）など、グラムやデシリットルなどが使われ、匁や合と併用している。手書きで、「鶏肉丼」や「オムレツライス」、「天丼」、「カツレツ丼」が追加されているが、こちらの分量は尺貫法のみで示されているので、実習は、尺貫法を使っていたと思われるし、テキスト通りではなく一部変更を加えて実習したことがうかがわれる。

以上のように、学校の実習ではノートに栄養価計算をするまでには至っていないが、分量を比較的細かく指示する指導はどの学校でも実施している。また、学校によって、実習内容はかなり異なり統一されていないが、和洋中の折衷献立がほとんどである点では共通であろう。

益田高等女学校の当時の生徒への聞き取りでは、経験したことのない料理ばかりで時々に作ってみたという。また、附属高等女学校の当時の生徒への聞き取りの結果では、気が向いたら家で実施してみる程度で、学校で学んだことを家で作ってみることは少なかったと述べており、学校で教わったことがそのまま家庭に活かされることは少なかったようである。生徒たちは、まだ、家庭の調理を担う必要がほとんどなかったからであろう。

しかし、当時の別の生徒の聞き取りによると、戦時を経て、家庭の主婦が使用人の助けもなく、家庭料理を担っていかなければならなくなると、戦前や戦中の学校の実習ノートは、大変役立つものとなったという。調査でみせてもらったノート類が戦時の動乱期を経て、大切に保存されていたことをみると、彼女たちがどれだけ熱心に料理に取り組み、ていねいなノートを作成していたかがわかるとともに、家庭を持ってからも活用していたことがうかがえる。

科学的調理教育の推進

高等女学校の調理教育は、昭和十八年に中等教育改革が実施され、大きく変化する。家事は、家政と科目名称を変更し、三・四学年に置かれていた家事が、一学年から設置された。国定教科書が作成され、『家事一』『中等家事一』『家事二』『中等家事二』『中等育児・保健一』『育児・保健二』が発行される。『家事一』と『中等家事一』は、内容的にはほぼ同じため、四種の教科書について見ると、総ページ四一六ページのうち、五三・六％に当たる二二三ページは食物記事であり、その約八〇％が調理実習の内容である。その中には、調理実習を合理的・能率的におこなうために、調理実験が取り入れられている点も大きな特徴といえる。

たとえば汁の塩味の実験は、「湯〇・五デシリットル（約大さじ三ばい半）に塩一グラム（約茶さじ平半分）をいれてかき廻す。塩が溶けたら味はつてごらんなさい。これは塩二分の塩味であります」（『中等家事一』）などである。

戦争の激化により、次第に通常の授業はできなくなったために、教科書通りの授業とはならなかったが、調味料まで細かい計量を指示し、実験をとり入れ、「科学」的教育を重視した調理教育は、戦後の調理教育に続くものでもあった。

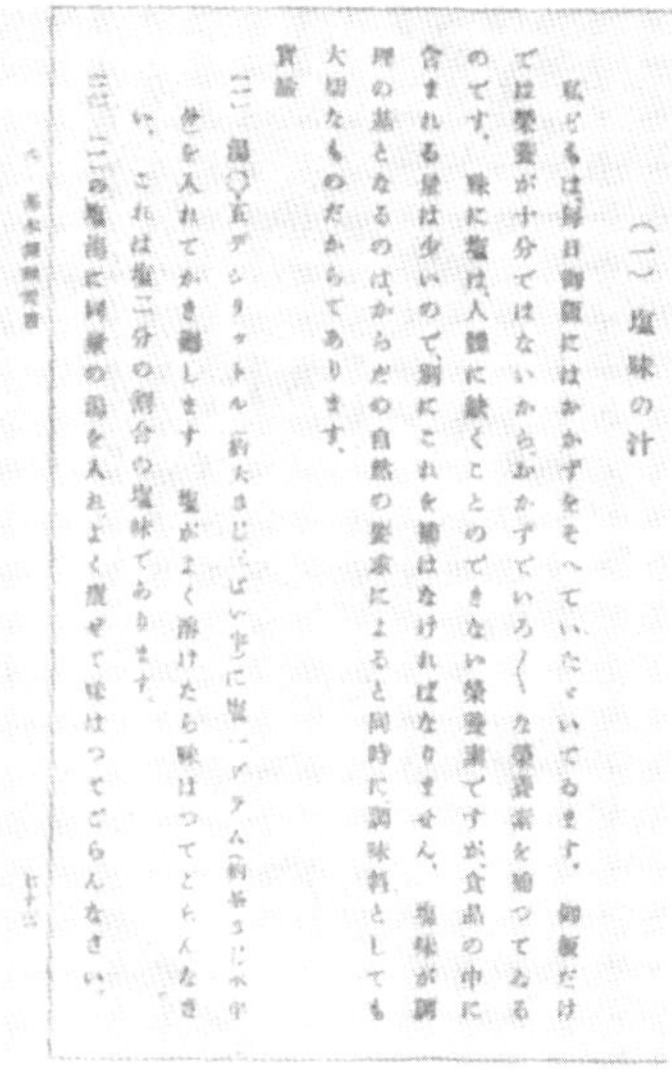
（一）塩味の汁

私どもは毎日御飯にはおかずをそへていたゞいてゐます。御飯だけでは榮養が十分ではないから、おかずでいろ／＼な榮養素を補つてゐるのです。殊に塩は、人體に缺くことのできない榮養素ですが、食品の中に含まれる量は少いので、別にこれを補はなければなりません。塩味が調理の基となるのは、からだの自然の要求によると同時に、調味料としても大切なものだからであります。

實驗

（一）湯〇・五デシリットル（約大さじ三ばい半）に塩一グラム（約茶さじ平半分）を入れてかき廻します。塩がよく溶けたら味はつてごらんなさい。これは塩二分の割合の塩味であります。

（二）（一）の塩湯に同量の湯を入れ、よく混ぜて味はつてごらんなさい。

六　基本調理實習

図20　『中等家事一』実験

補習学校における調理教育

すでに述べてきたように、高等女学校は法的に整備され、全国で統一された食の教育がおこなわれてきたが、その他の学校の状況は、ほとんど明らかにされていない。断片的ではあるが、資料のある二つの補習学校の調理実習をみてみたい。

大正期の農村部の割烹講習

明治二十六年（一八九三）、実業補習学校規程が設けられ、実業に従事する青少年の教育の充実を目指そうとした。入学資格は尋常小学校卒業程度以上、修業年限は三年以内で夜間も認められた初等教育の補習機関でもあった。さらに高等女学校令が公布される明治三十二年、実業学校令が公布されると、実業補習学校もこれに組み入れられた。実業補習

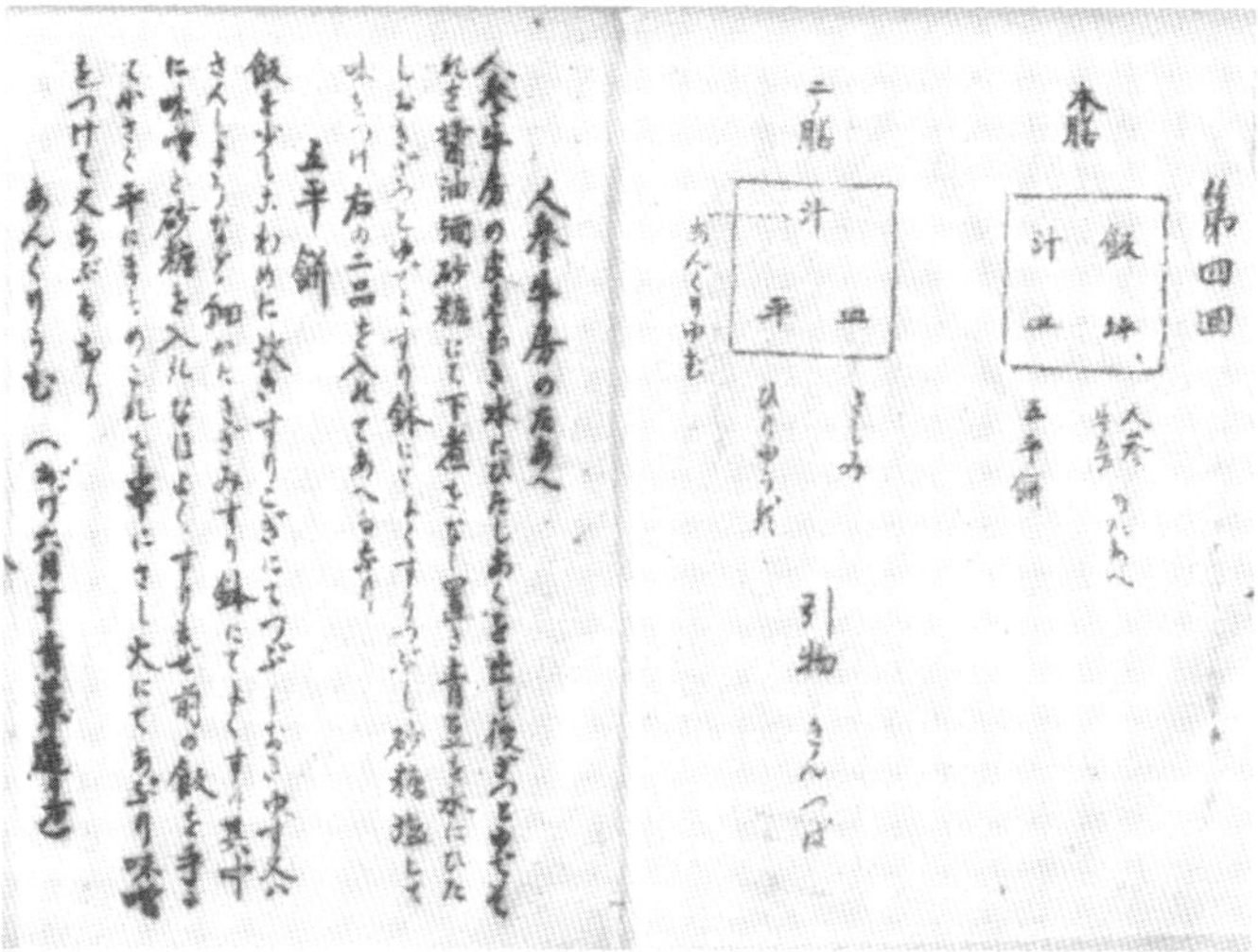

図21 「割烹講習録」

学校は農村に多く普及し、農業につくかたわら学べる機関ともなった（『学制八十年史』）。

ひとつの資料は、和紙に孔版で印刷して綴じてある一一丁のもので、表書きに「大正五年二月　割烹講習録　原農工補習学校中新田女子部」とある。補習学校は小学校に併設されることが多かったようで、学校が特定できないが、明治二十二年、原の茶屋に校舎を建設した富士見尋常小学校が、大正五年に農工補習学校を併置しているので長野県諏訪郡原村中新田の補習学校女子部と推察することもできるが、確認にはもう少し調査が必要であろう。

ところでこの資料は、補習学校女子部で開いた調理の講習会のようで、講師は山田たけ先生とある。客用の献立で、第一回は飯・汁・向《むこう》（おろし芋・しのびわさび・きりのり）・椀盛（いもしんじょ・ほうれんそう・口ゆず）・口取（茶巾いも・かすみかん・鳴門芋《なるといも》・甘露芋《かんろいも》白和え・羅紗牛蒡《らしゃごぼう》）とあり、分量・作り方がある。ちなみに、羅紗牛蒡は牛蒡の皮をむき三時間水に浸し、白水か炭酸で軟らかくゆで、醤油砂糖で味をつけ、青海苔をあぶりまぶすとある。

第二回、第三回、第五回は、同様の構成の献立。第四回のみは二の膳つきの本膳《ほんぜん》料理の実習になっている。二の膳にさしみとあるが、寒天に紅粉《べにこ》を加えて固め、切り分けてえごま酢を加えるようで、このようすからみると、仏事などを想定した本膳料理である。また、本膳の皿の部分には、五平餅《ごへいもち》がみられる。えごま、五平餅などに、都市部の本膳料理にはみられない地域性がみられる。興味深いのは、第五回の実習に「パン」がみられることである。少量の粉にパン種一さじをいれ、水で溶いたメリケン粉に加えこねまぜ器に入れて蒸すとある。大正期に流行する蒸しパンがここでも実習されているといえよう。

栄養重視の実習献立

もうひとつの補習学校は、盛岡高等女学校内に併設された補習学校とあり、表書きに「昭和八年十月廿五日　単位式献立実習記録　補習学校生」とある三二ページほどの印刷された冊子である。最初に単位式献立についての説明があり、一日に必要な栄養素量を四分して各々の栄養量を一単位として、朝・昼にそれぞれ一単位、夜に二単位の割合で食品を配合するものと説明し、以下の栄養量を示している。なお、熱量を「温《おん》量」と記している。

	温量	蛋白質
一日必要量	二四〇〇カロリー	八〇・〇瓦
一日主食栄養量	一六一七カロリー	三三・三瓦
一日副食栄養量	七八三カロリー	四六・七瓦
副食一単位	一九六カロリー	一一・七瓦

主食（標準米七分搗《づき》）については、三・三合分を差し引いて副食を割り出している。これを計算すると、主食から約六七％のエネルギーを摂取していることになり、この時代としては副食に重きが置かれている。

献立は、朝食用副食物一単位例として、グラム数はもちろん蛋白質、「温量」の数値が算出されて表になっている。

朝ごはんの副食として例を挙げると、馬鈴薯汁・納豆、人参汁・コンビーフ、若布《わかめ》汁・納豆・大根おろしなど一五種が挙げられている。昼食用は「オムレツ、ポテトーオムレツ、天麩羅《てんぷら》、煮つけ、じゃがいものそぼろかけ」、弁当用の献立もみられる。そこでは「いなり寿司、握りすし、海苔巻」もあるが、「チキンライス、ハムライス、親子丼、天丼、カツ丼」など携帯の弁当にはなりにくい当時外食で一般化していたものがみられる。夜食用では、「清汁《すましじる》・玉葱田楽、鱚《きす》の清汁・金平牛蒡《きんぴらごぼう》、ぬつぺー汁・牛肉につけ」など和風料理が多い。そのあとには、二単位副食物例、一日献立例が紹介され合計の栄養素量が記されている。これらをどれだけ実習できたのかはわからないが、高等女学校に併設されていたことから前者の例より実習設備はずっと整っていたといえよう。

以上のように、大正期以降、高等女学校だけではなく、補習学校などにおいても調理実習を通して調理技術を与え、栄養的な視点を考慮しつつ、計量を重視した実習が次第に浸透していくことがうかがえる。学校教育のこうした姿勢は、そのまま家庭に影響したとはいえないが、メディアでの影響とともに、数値を重視しながら一汁一～二菜という和食の日常食の構成のなかに、積極的に西洋料理をアレンジして組み入れていった。そして、ご飯に合う和食の形のなかで受け入れられる洋風料理が残っていったといえよう。しかし、全国的にみると、日常の家庭料理に西洋料理など新しい料理が定着するのは、さらに時間を要するといえよう。

料理書と雑誌による料理のひろがり

家庭向け料理書の刊行と特徴

急増した明治後期の料理書

明治時代以降に刊行された料理書が、何年にどれほどの種類刊行されたのかの全容については、まだ十分な研究や調査がおこなわれているとはいえない。筆者らが調査してまとめた『近代料理書の世界』(二〇〇八)には、明治元年(一八六八)から昭和五年(一九三〇)までに調査できた八百余点の料理書の目録とそのうちの一〇〇点の解説がある。全体の詳細については、そちらに譲ることとするが、ここでは、家庭向けの料理書が多数刊行されるようになる明治後期以降を中心にみてみることとする。

食生活が変化しはじめる明治三十年代以降と以前で、料理書八一五点の刊行数をみてみると次のような刊行点数の違いがみられる。明治三十四年以降は、一〇年ごとでみてみた。

一八六八～一九〇〇（明治維新～明治三十三）　九〇点
一九〇一～一九一〇（明治三十四～四十三）　一八〇点
一九一一～一九二〇（明治四十四～大正九）　二〇六点
一九二一～一九三〇（大正十～昭和五）　三三九点

一九〇〇年までの三二年間より、次の一〇年間の刊行数が倍になっていることがわかる。その後の一〇年もほぼ同様の刊行数、大正後半期から昭和にかけては、さらに刊行数は一〇〇点以上多くなる。とくに大きな変化は、中国料理（支那料理）で、一九二〇年までは単独の料理書は六点であったが、一九二一年後は二一点と急増している。このように、明治後半期から昭和初期にかけて料理書の刊行が盛んになるのは、家庭での料理への関心が高くなることと無関係ではない。

明治後期の食生活でみたように、社会の変化、新しい家族の成立、女子に対する学校教育の制度の整備などにより、家庭の食への関心が増加していくのが明治三十年代以降のことである。タイトルに「家庭」「総菜」などの名前をつけた料理書の刊行が増加する。「家庭」を冠した料理書の例を挙げてみると次の通りである。

明治三十六年（一九〇三）『家庭実用最新和漢洋料理法』（筑山順子）
『家庭料理法　全』（横井玉子）
『実用家庭料理法』（林甲子太郎）
明治三十七年（一九〇四）『和洋家庭料理法　全』（赤堀峯吉）
『家庭十二ヶ月料理法』（赤堀峯翁・峯吉・菊子）
『日用経済家庭料理　倹約美食』（中島春郊・鎮子・富子）
『家庭重宝和洋素人料理　全』（岡本先生）
明治三十八年（一九〇五）『家庭和洋料理法』（奥村繁次郎）
『実用家庭料理法』（亀井まき子）
『和洋折衷家庭料理法　全』（赤堀峯吉・赤堀菊子・赤堀吉松）
『料理節用家庭暦』（平山勝熊）

このほか、書名に「家庭」をつけない料理書も明らかに家庭向きのものが多くなり、それまでとは異なる新しい料理を作ることが求められ、家庭でもそれを受け入れようとする動きがはじまったといえよう。また、著者をみてもわかる通り、女性の著者が増加することもこの期以降の特徴といえる。

女性執筆者による家庭向け料理書

初期の家庭向け料理書である筑山順子著『家庭実用最新和漢洋料理法』（一九〇三）および同年に刊行された横井玉子著『家庭料理法全』についてみてみたい。日本人女性による家庭向け料理書は、それ以前の明治三十一年に、当時華族女学校学監であった下田歌子《しもだうたこ》が『料理手引草』（家庭文庫第四編）を著しているが、料理書ではあるものの教科書的な解説が多いのに対し、筑山、横井の本は、具体的な料理の作り方を中心としている。

筑山も横井も偶然ながら熊本に関係し、同じように女学校の舎監を務めている。筑山は、明治二十一年、熊本に創設された尚《しょう》絅《けい》学園を前身とし、明治二十九年に尚絅高等女学校として出発した学校の舎監をしているなかで、夏期休暇中の料理講習会の講師を務め、その記録をまとめて出版したのが前著である。講習会は二〇日間続き、和洋料理を中心におこなわれた。

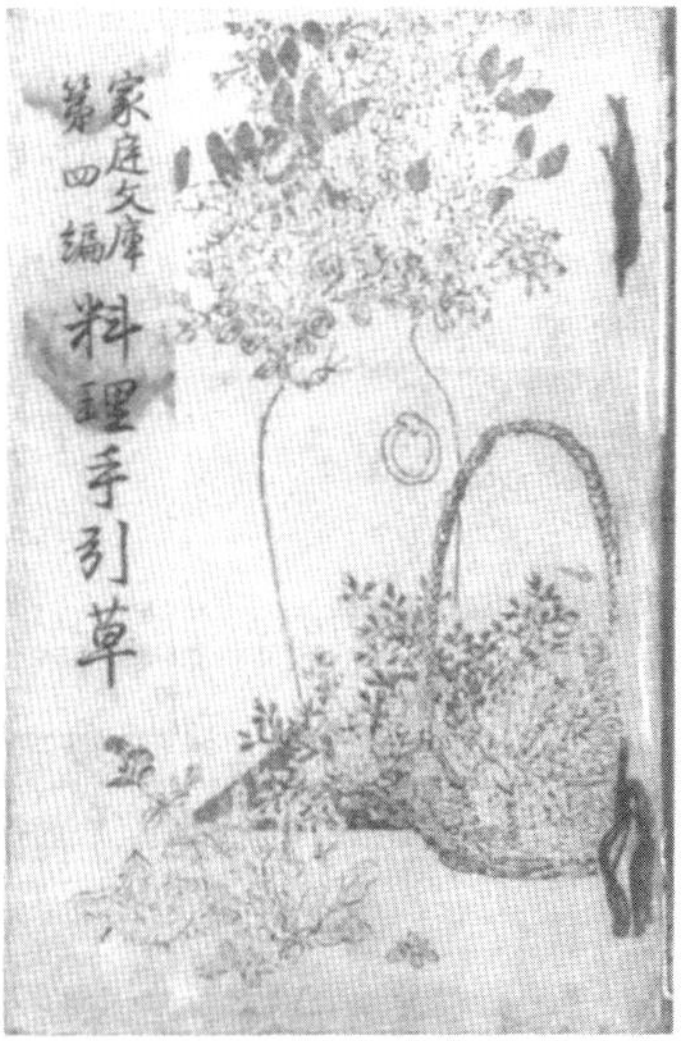

図22　下田歌子『料理手引草』

図23　夏季割烹講習会（筑山順子『家庭実用最新和漢洋料理法』）

『尚絅七十年史』によると、知育に加え技能教育に重きを置いた同校では、とくに裁縫と割烹に力を入れており、夏期休暇を利用して講習会をおこない、九州ばかりでなく中国、四国、近畿にまで出張講習をおこなっていたという。口絵《くちえ》にある「夏期割烹講習会実習」の写真には、一〇〇人ほどの生徒が写っているので、この講習会が盛会であったことを示している。

本書が刊行される頃の同校の生徒数は、全学年の合計が五〇〇人以上在籍していた。当時、私立の高等女学校は全国でも七校と少なく、同校のように多くの生徒数を抱えた学校も数少なかった。

本書には、出し汁、豆腐、卵料理にはじ

まり、菓子も含めて「本邦料理」が一一三種、「支那料理」五九種、「西洋料理」九〇種、病人用食物の部二四種が収載されている。そのほか、四季の会席献立、食礼、支那食礼と器具、献立、西洋料理献立、西洋食礼、器具がある。

ただ、料理の並べ方には決まった分類などはなく、野菜、肉、魚料理、菓子などが順不同で並んでいる。「本邦料理」のなかでは、材料が江戸時代以降の材料とほとんどかわらないが、馬鈴薯茄子のからし酢、馬鈴薯ようかんなど馬鈴薯を使った料理や和菓子が加わっている。前者は、短冊にした馬鈴薯と茄子を酢水につけ、からし酢で和えた料理であるが、馬鈴薯が生のままである。ようかんの馬鈴薯は、あずきに代えて使用しており、こちらは蒸して裏ごして使用している。また、肉けんちん巻き豆腐という肉を用いた料理は、挽肉と豆腐を混ぜ合わせ、巻きすで巻き、蒸したもので肉の種類はなく、単に「肉」とだけあるのは、まだ肉を日本料理に応用することには慣れていないように思われる。これに対してコロッケなど西洋料理の肉類は、牛肉、豚肉の区別はもちろん、それぞれの分量も詳細に入っているものが多い。いずれにしても日本、西洋、中国の料理を紹介はしているものの、それらの折衷料理はまだそれほどはっきりとしたものは少ないといえる。

横井玉子は、その料理書にある履歴によれば、肥後高瀬藩の家老の娘として、安政元年

図24　横井玉子

（一八五四）江戸に生まれ、慶応元年（一八六五）、一家は細川若狭《わかさ》守に仕える父に従って熊本に赴く。明治四年、熊本英和学校に進み、同年アメリカ人のミセス・ゼンスについて、西洋裁縫及び料理法を修め、井上長次郎につき日本料理を学んでいる。翌年、思想家横井《よこい》小楠《しょうなん》の兄時明の長男横井時治と結婚。四年後には夫と死別し、キリスト教徒となり、明治十八年築地新栄学校事務監督を務めた。同校が櫻井女学校と合併して女子学院となった後も「寄宿舎監督」となり、礼式、裁縫、割烹を教授した。明治三十三年、女子美術学校設立後、設立に関わった一人として翌年同校舎監兼幹事となる。『家庭料理法』は、その二年後の刊行であるが、同三十四年一月に横井は他界した。同書は、その六ヶ月後に刊行されている。

この料理書は、横井が『婦人新報』『婦人衛生会雑誌』『山陽新報』などに掲載したものを集めて一冊としたもので、日本料理は、四季ごとに汁、なます、和物など調理法別に分類して料理を解説しており、これが六割以上をしめている。次が西洋料理、折衷料理と続いている。しかし、明治も後期になっているためか、それまでの日本料理に用いなかった牛肉などを使った料理があるのは、筑山の場合と同様といえよう。たとえば「牛肉の煎豆《いりどう》腐《ふ》」のように細かくした牛肉と崩した豆腐を醤油と砂糖で煮る料理や「牛肉の胡麻煮」などがある。折衷料理は、卓袱《しっぽく》料理を中心に、「三国取合卓袱料理」等の献立を紹介している。

このように、初期の家庭向け料理書は、従来の日本料理を中心としながらもそれに加えて、西洋料理、中国料理の分野を取り入れることが共通のスタイルとなっているようにみえる。しかも、少しずつではあるが、日本料理に使用しなかった材料を新たに加えアレンジしている。このような形は、その後の家庭料理にさらに浸透していくことになる。

大正期の栄養献立

大正期に入ると、食の周辺事情は変化する。第一次世界大戦後の物価高騰、米騒動に続く代用食の奨励など生活の厳しさが増加する時期でもあるが、いっぽうで、女子の中等教育への進学者が増加し、食の教育も盛んになる。また、大正九年（一九二〇）には、国立栄養研究所の官制が公布され、以後栄養学の研究が本格化する。

このような状況のなかで刊行された料理書は、「栄養・経済」をキーワードにしたもの、

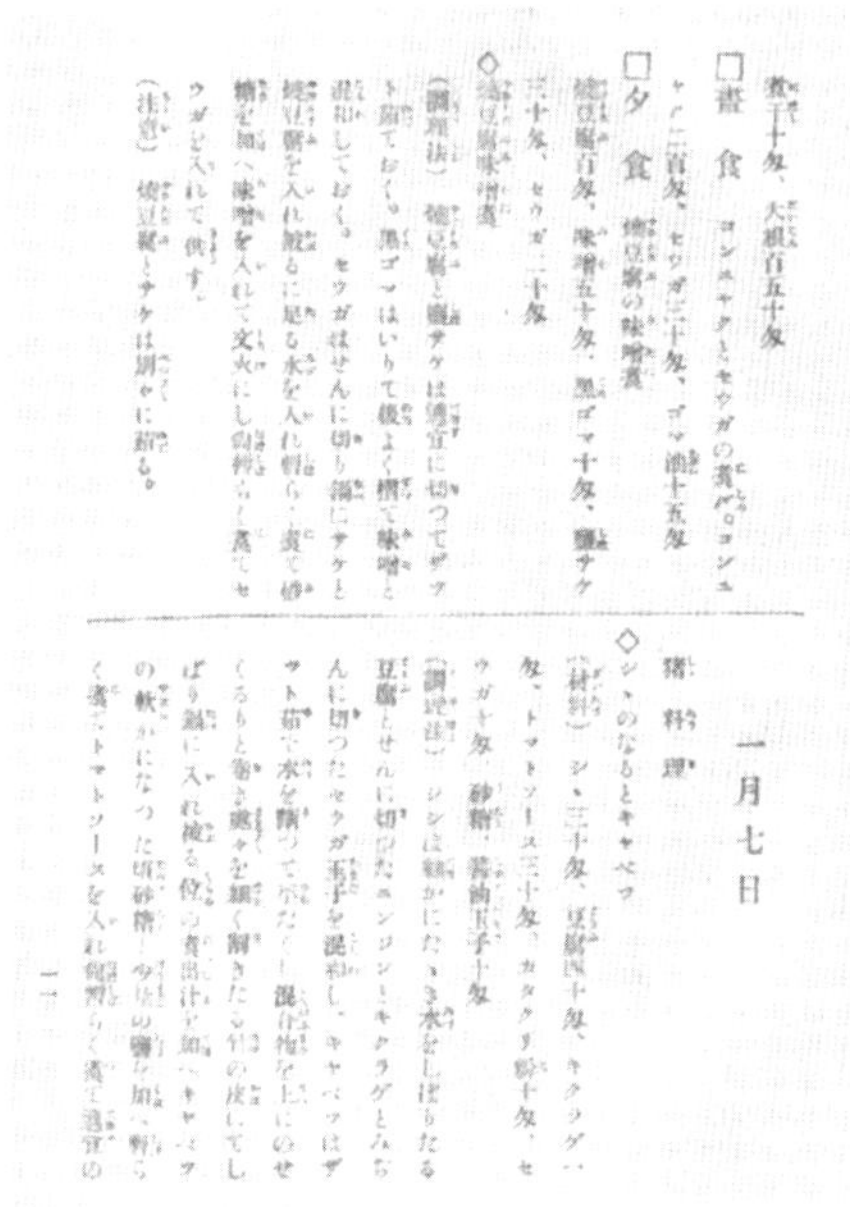
煮干十匁、大根百五十匁
□昼　食　コンニャクとセウガの煮び。コンニャク二百匁、セウガ二十匁、ゴマ油十五匁
□夕　食　焼豆腐の味噌煮
焼豆腐百匁、味噌五十匁、黒ゴマ十匁、鹽サケ二十匁、セウガ二十匁
◇焼豆腐味噌煮
（調理法）焼豆腐と鹽サケは適宜に切つてザツト茹でておく。黒ゴマはいりて後よく摺て味噌と混和しておく。セウガはせんに切り鍋にサケと焼豆腐を入れ被るに足る水を入れ暫らく煮て砂糖を加へ味噌を入れて文火にし暫らく煮てセウガを入れて供す。
（注意）焼豆腐とサケは別々に茹る。

一月七日
豬料理
◇シヽのなるとキャベツ
（材料）シヽ三十匁、豆腐四十匁、キクラゲ一匁、トマトソース三十匁、カタクリ粉十匁、セウガ十匁、砂糖、醤油玉子十匁
（調理法）シヽは細かにたゝき水をしぼりたる豆腐とせんに切りたるニンジンとキクラゲとみぢんに切つたセウガ玉子を混和し、キャベツはザツト茹で水を [illegible] 混合物を上にのせくるりと巻き [illegible] 細く解きたる竹の皮にてしばり鍋に入れ被る位の煮出汁を加へキャベツの軟かになつた頃砂糖 [illegible] 醤油を加へ暫らく煮てトマトソースを入れ暫らく煮て適宜の
一一

図25　『美味営養経済的家庭料理日々の献立其調理法』

また代用食としてパンや芋類の料理書が数多く刊行されるのが特徴といえよう。

ここでは、まず栄養研究所が毎日発表した献立をまとめた村田三郎編『美味営養経済的家庭料理日々の献立其調理法』（一九二四）をみてみたい。当時の多くの新聞には、その発表献立が掲載された。同書は、一月元旦から十二月までのほぼ毎日の三食の献立と材料・作り方を掲載したもので、時々献立以外の講話などが掲載されている日もある。正月につ

いては、行事を意識した献立もあり、重詰め料理や雑煮もあるが、一月七日は七草ではなく、「シシのなるとキャベツ」が紹介されている。栄養的な視点を重視した献立であるためか、和洋折衷、あるいは中国風料理を取り合わせた献立が多くみられる。例を挙げてみると次の通りである。

六月十八日
朝食　切干大根の味噌汁、ジャガイモのこし煮キリボシ
昼食　小かぶと生あげの煮浸し
夕食　ボイルド、キャベーチマヨナイスソース　馬肉のあげもの

九月六日
朝食　蜆《しじみ》の味噌汁、アミの佃煮
昼食　レンコンの天ぷら、おろし大根
夕食　ナスのバター焼、トマトソース、ビーフカツレツ、さやいんげん塩ゆで

日常食とあって、いずれも比較的簡単な一汁一菜《いちじゅういっさい》か二菜である。しかし、それまで副食にそれほど関心を持たなかったことからみれば、日常の三回の食事を組あわせとしてみる習慣を推進することにつながるものであろう。

同書は、日を追って使用するには便利といえるが、材料がある時、どんな料理を作ろうかと考えた時には利用しにくい。本書の前年に刊行された『内務省栄養研究所献立　毎日のお台所』は、同じく栄養研究所が発表した献立をまとめたものであるが、こちらは、研究所が発表をはじめた大正十一年五月二十九日からほぼ発表順にまとめている。また、それだけでなく献立索引を作っており、五十音順に材料、料理などで検索することが可能になっている。多くの献立に使われている材料は次の通りである。

野菜・芋類	献立数		
ごぼう	三二	なす	三二
キャベツ	二五	だいこん	二二
にんじん	二二	れんこん	二二
きうり	一九	さやいんげん	一四
かぼちゃ	一三	しろうり	一二
トマト	一一	小松菜	一一
じゃがいも	四四	さつまいも	二二
こんにゃく	一四	さといも	一二

豆・豆製品

豆腐	三一	油揚げ	一三
焼豆腐	一三		

魚介・肉類・卵

いわし	一五	さば	一一
塩鮭	二〇	缶詰鮭	一二
干し鰊	一二	干鱈	一〇
牛肉	二九	豚肉	二四
馬肉	一二	鯨肉	八
卵	一五		

以上からみると、それまで日常食にあまり使用されなかった牛肉、豚肉など肉類の使用が目立つ。野菜・芋類は、牛蒡、茄子、大根など従来からの材料に加え、キャベツ、トマト、馬鈴薯など、西洋料理の発展に伴って生産されるようになる新しい野菜類が積極的に利用されている。馬鈴薯の伝来は、江戸初期で、もともと飢饉対策として栽培されたものであるが、明治以降は、その位置づけは西洋料理の材料というプラスイメージに変化して

いる。

さらに塩鮭、缶詰鮭、干し鰊《にしん》、干し鱈《たら》など保存性のある材料も多い。一般家庭にはまだ冷蔵庫のなかった時代、安価に手に入る保存食は、日常に利用しやすい材料であった。

料理雑誌・婦人雑誌の料理記事

料理に関心が寄せられるようになると、料理を主題とした雑誌が創刊されるようになる。

女性向け実用雑誌の創刊

比較的早い時期の料理雑誌といえる『庖丁塩梅』は、明治十九年（一八八六）に創刊され、明治二十四年まで刊行された。本誌については、今井美樹『近代日本の民間の調理教育とジェンダー』に詳しい。四條流の石井治兵衛《いしいじへい》が関わっており、専門料理人などを対象とするなかでも、家庭の主婦や調理を職業とする女性にも開かれたものとしての性格を有していたという。その後、料理雑誌としては、明治三十八年から明治四十年まで刊行され、さらに昭和三年（一九二八）から昭和十六年まで発行されている『月刊食道楽《しょくどうらく》』がある。本誌も女性を明確な対象としたものではなく、男女を対象としながらも「主婦廿四時間」という特集号を刊行するなど、女性の読者を意識したものでもあった。

以上の二種の料理雑誌ののち、明らかに家庭の女性を対象とした料理雑誌が創刊された。大正二年（一九一三）五月に創刊された『料理の友』である。女性向けの雑誌は、明治十年から四十五年までに、約一六〇種発行されているが、なかでも明治後期ののびが著しいことは、家庭向け料理書の刊行傾向と類似している。そのなかで実用雑誌は、主として明治三十年以降に創刊されたものが多い。創刊年順に例を挙げてみると『婦人画報』（一九〇五）、『婦人世界』（一九〇六）、『婦人之友』（一九〇八）、『婦女界』（一九一〇）などがある。

いずれも食物に関する記事はそれほど多いとはいえないが、『婦人世界』では、小説『食道楽』の著者で知られる村井弦斎《むらいげんさい》が編集顧問を務めていたこともあり、その夫人である村井多嘉子による料理や菓子の作り方などが掲載されている。明治四十一年の同誌の臨時創刊号は「食物かがみ」と題し、食物の記事を特集している。口絵には、当時料理教場を開設していた赤堀料理教場、亀井教場の料理実習風景の写真や東京築地メトロポウルホテルの食堂の写真が掲載されている。さらには、「名家の令嬢」伯爵夫人の写真などもあり、同誌が中流以上の女性を対象としていたことがうかがえる。同誌には、村井弦斎、山《やま》脇《わき》高等女学校講師星常子、八百善《やおぜん》主人などが執筆し、料理は村井多嘉子への聞き取りを掲載するなど食材、料理技術への関心がでてきたことを示している。さらに読者への懸賞当選の「諸国の名物料理」も掲載され、雑誌提供側だけでなく読者側の関心を喚起しようとの意図がみえる。

大正期には『主婦之友《しゅふのとも》』（一九一七）、『婦人倶楽部《ふじんクラブ》』（一九二〇）などが創刊され、より大衆的な家庭向け料理も掲載されるようになる。また、雑誌『主婦』（一九二二）の創刊号では、貴族院議員澤柳政太郎《さわやなぎまさたろう》、東京高等師範学校棚橋源太郎などにより、中産階級の女性の「覚醒」が重要なこと、文化的生活改善の重要性が説かれ、棚橋はまず食物改善が重要と述べている。経済的で美味しい料理技術を身につけることの重要性について述べるなかで、最近は新聞や雑誌でみたことを

図26　『主婦』

自分の日常生活に実行していく傾向が増えてきたことを「深く喜ばしいこと」と評価している。大正期の経済的不況、栄養学の発展のなかで生活改善の奨励がなされたことが追い風となり、家庭において、安価で栄養的料理を作る技術の習得が望まれたことをうかがうことができる。同誌では、料理の部は、東京割烹女学校の秋穂敬子、亀井料理教場の亀井まき子が担当している。このような婦人雑誌の流れのなかで、料理を中心とした家庭向けの雑誌『料理の友』は、大正期以降の家庭料理に長く影響を与えたと思われるので、その内容を紹介したい。

家庭向け雑誌『料理の友』の刊行

前述したように、大正二年に創刊された同誌は、少なくとも昭和十九年以降も刊行され続けた雑誌である。

最初は会員制の雑誌で、会員募集の欄に、「本会は家庭料理の改善を計り、家庭の平和と幸福を増進し且つ一般婦人をして日常欠くべからざる実際的手腕を養成するの目的を以て料理研究会を組織し」と記しており、明らかに家庭の主婦などを対象としていた。同誌には、口絵《くちえ》に「日本料理」「西洋料理」など料理の絵が描かれており、食養生、衛生、食品の選択方法などの講座的な内容に加え、料理の作り方がほとんどを占め、毎月、いろいろなテーマがある。料理は、大正期には日本女子大学校の笹木幸子、赤《あか》

図27　『料理の友』

堀峯吉《ほりみねきち》、秋穂益実《あきほますみ》、中澤美代子など料理学校校長や学校の割烹料理担当者、料理書を刊行している人たちが担当している。

内容的には、毎月いくつかのテーマを設定しながら、日本料理、西洋料理、支那料理をまじえながら、日常の総菜から来客料理まで各種の料理を紹介している。下記に例を紹介しよう。新年号は、正月料理として重詰め料理は、毎年掲載している。

〔大正期〕

趣向を凝らした納涼の御馳走―鯉の料理、あらひの拵《こしら》へ方、和洋即席料理（一九一五）、田中博士考案上品な豚肉料理、五十銭会費洋食の御馳走（一九一六）、純日本風の西洋料理、一人前二十銭の家庭的食道楽会、魚のあらで工夫した美味しいお総菜、鳥一羽《わ》で四人前の即席料理、即席に出来るビールのお肴《さかな》（一九一七）、心地よく食べられる馬肉料理・豚肉一斤で即席洋食献立（一九一八）、七銭前後の子供登校用弁当、府知事等を招待好評の代用食料理（一九一九）、即席吸物と早雑煮《ぞうに》（一九二〇）、一皿二十五銭内外で見事な西洋一品料理、一皿十銭以下で美味しいお総菜（一九二四）

〔昭和期〕

簡易生活には缶詰を、一人一日三十銭でどんな賄《まかな》いが出来るか（一九二九）、料理屋の半額で済む家庭の料理、家庭で出来る支那料理の饗宴、十銭前後で出来る西洋料理一品（一九三〇）、一羽の鶏で三人前の客向き献立、初夏に好適の即席支那料理（一九三二）、甘藷《かんしょ》料理百種（一九三三）、ビールの味を引き立てるお肴・安い鰯《いわし》で栄養総菜、愛児のお八《や》つ六種（一九三五）、小学生児童通学弁当、一品七八銭で出来る支那総菜料理・栄養豊富な過労防止料理（一九三九）

以上は、記事の一部である。どの時期にもみられるのは、家庭の食事をいかに経済的に運営するかという点に重きを置いている姿勢である。とりわけ物価が高騰する大正六、七年頃以降にその傾向が強くなり、「代用食」や「即席」などを使用した料理が紹介されている。また、比較的安価な食材を多様な料理に使えるよう、日本料理、西洋料理、中国料理、その折衷《せっちゅう》料理などさまざまな料理に利用し、日々の食生活にバラエティーを与える工夫を提案していたとみることができる。

三十銭で栄養料理

たとえば「三十銭の買物で五人前のお菜」（一九三〇・二月）では、女学校を卒業して母親の元で家事研究をしているという女性を例に引いて、「三十銭のお買ひ物でも栄養に叶つた皆のものが満足するお夕餉《ゆうげ》のお菜の出来ないやうなことはないやうに思ひます」と、次のような献立四件を紹介し、家族満足して食べたと記している。

献立一　鮭フライ　甘薯付合　沖なます　大根葉清汁《すましじる》

材料　鮭三切（二一銭）　甘薯（二銭）　玉子（四銭）　大根（三銭）

この時期には、学校教育のところで述べているように、栄養的な視点で献立を立て、その調理技術を学ぶことが各地域で定着する頃でもある。この例のように、女学校の娘が家庭の食を「改善」させるきっかけとなっていることを示すものでもあろう。

また、「料理屋の半額で済む家庭料理」（昭和五年十一月）を特集している。「八十銭の定食を四十銭で」は、刺身、海老の汁椀、里芋などの煮物、平目の酒焼き、小かぶの香《こう》の物で御飯の費用は入れず三九銭でできるとしている。洋食については、「一円五十銭の洋食を八十五銭で」とオードブルから、スープ、グラタン、カツレツ、ゼリー、果物、珈琲《コーヒー》を組み合わせてあるなど工夫が凝らされている。ほかにも、親子丼（四〇銭を二〇銭で）、天丼（四〇銭を二〇銭で）、握り鮨（三〇銭を一五銭で）、チキンライス（二〇銭で）、ライスカレー（一一銭で出来る）などの作り方を紹介している。

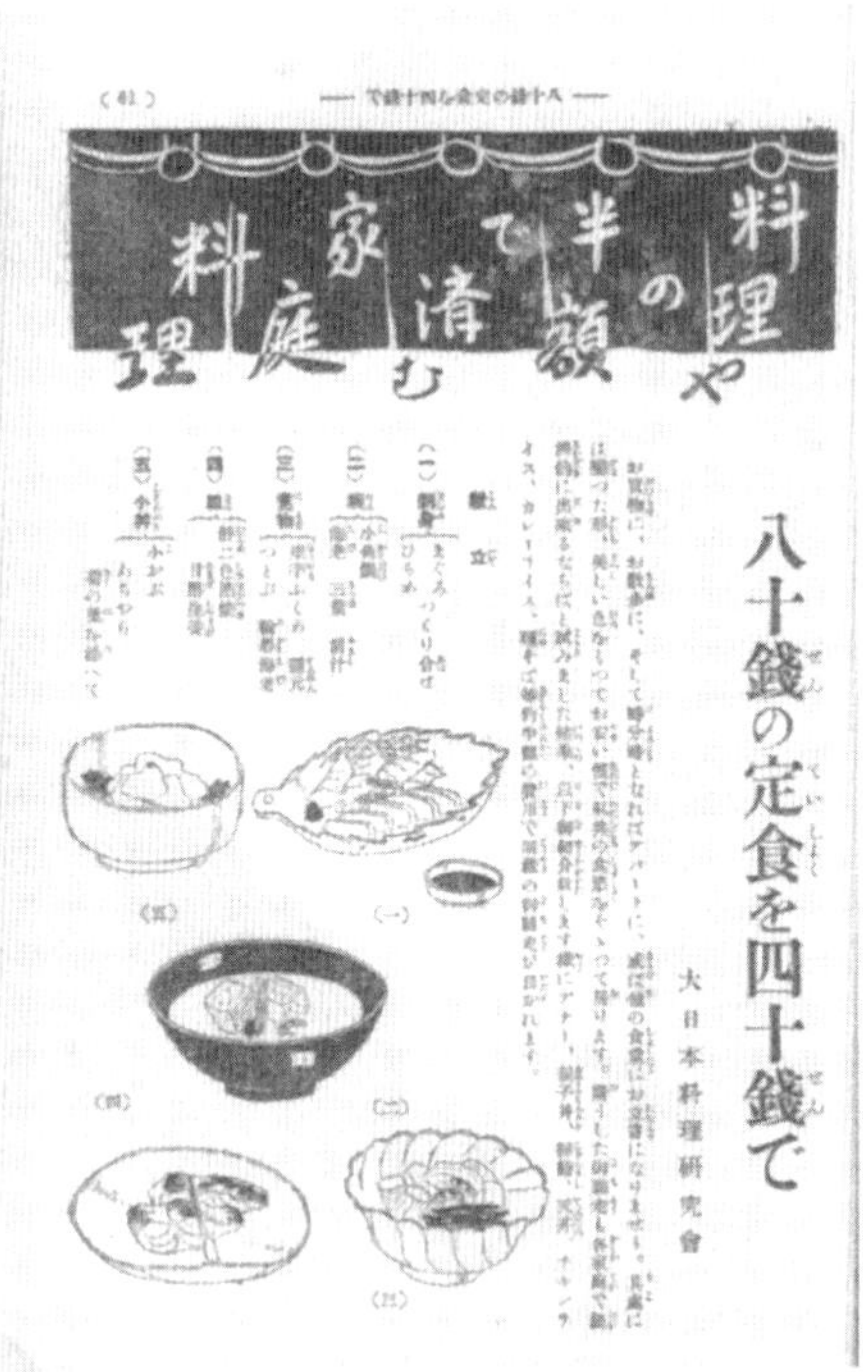
（41）　―― 八十錢の定食を四十錢で ――

料理やの半額で済む家庭料理

八十錢《せん》の定食《ていしょく》を四十錢《せん》で

大日本料理研究會

図28　『料理の友』記事

このことで家族での外食が広がっていることがわかるとともに、味を知っている外食を主婦自らの手で作る技術が求められているといえ、それが経済的でもあり、家族の健康管理を主婦が担うことが期待された結果であるともいえよう。

昭和四、五年以降になると、一品だけではなく、三食の食事を限定した一定の金額内で計画する記事が目立つようになる。「一人一日三十銭でどんなお賄が出来る?」(一九二九年十二月)では、米代を含めた家族五人分を想定した献立一週間分を紹介し、その作り方を解説している。どんな内容なのか、少し紹介しよう。

日曜日
朝:馬鈴薯《ばれいしょ》味噌汁・昆布・佃煮《つくだに》
昼:糸蒟蒻《いとこんにゃく》煮しめ
晩:豚肉カツレツ　白菜いため
　主人＝まぐろ刺身

金曜日
小松菜味噌汁・昆布佃煮
狐《きつね》うどん
魚バター焼　野菜サラダ

一週間の夕食の主菜は、カツレツ、フライ、バター焼など洋風料理に鯖みそ煮、野菜支那料理など和洋中国料理を取り混ぜ日々異なる料理を工夫している。

客用も重視しているが、家族の日々の食事管理を重視する方向が推進されていることを認めることができる。主婦は、毎日の食事作りに経済と、栄養的なバランスを考慮しながら調理技術を磨き、日々飽きさせず美味しいものを作ることが求められるようになる。

いっぽうで、経済性を考慮に入れつつ、「紀元節《きげんせつ》祝賀会に立食の御馳走」「月の夜のドライブに携帯の夕食弁当」、年中行事、儀礼食、来客の饗応、菓子など楽しみのための料理類の提案もみられ、少なくとも戦争が激化する前までの同誌は、全体としては華やかな夢のある情報を提供する雑誌となっていたのではないかと思われる。

雑誌の読者が料理のレパートリーを広げる上でさらに役立ったのは、地域によっては手に入りにくい調理器具や食品、調味料などを「便利な御買物」として通信販売したことである。フライ鍋やソース鍋はもちろん、実用軽便テンピ、肉挽き器、ビスケット型などの食器・器具類やバター、胡椒《こしょう》、カレー粉、ベーキングパウダー、コーヒーなど食品類を販売している。

読者欄をみると、同誌をみながら作っている様子がみられる。それは仙台、栃木、東京、愛知、岐阜、神戸、奈良、福岡など全国に及ぶだけでなく天津《てんしん》、朝鮮からの読者がいたことがうかがえる。また、わが家の自慢料理、わが家の漬物などを読者から募集して掲載することにより、読者と同誌との結びつきを深めようとした様子がみられる。それは同誌に限らず婦人雑誌類のいずれにもみられた傾向である。

図29　『家庭と料理』

昭和十年を過ぎると雑誌も少しずつ戦時体制の影響がみられるようになる。『料理の友』（一九四一）では、翌年実施される米の配給切符制を前に、米を食べ過ぎる今までの食事法を変え、米に代わる栄養素を副食からとる必要があると説いている。模範節米料理、栄養総菜献立七日間などを特集している。

昭和二年に創刊されたとみられる『家庭と料理』は、大阪の家庭と料理社が刊行した料理雑誌で、辻《つじ》徳光《とくみつ》が編纂している。内容をみることのできた昭和十四年（一九三九）から十五年の同誌をみると、栄養知識と料理、戦時下を強く意識した料理の紹介は『料理の友』より逼迫《ひっぱく》感のある内容である。前述した単位式献立による西淀栄養食調理配給協会の共同炊事の紹介、安くて美味しい鰯の栄養料理、軍国の春の御祝儀料理、鰯を使った興亜一菜料理、節米御飯の作り方などがみられる。厳しい状況のなかで、日々の料理を栄養的、経済的に作ろうとする工夫は、『主婦之友』、『婦人倶楽部』などの婦人雑誌でも強調されることになるが、紙不足で各誌ともページ数がわずかとなり、二ヶ月合本などを経ながらも料理の工夫を発信し続けた。

また、大正十五年一月からは日本放送協会のラジオによる料理番組が放送される。それ以前の大正初期より新聞の家庭欄でも料理の記事が掲載されるようになる。高等女学校のところで触れているように、昭和五年の割烹ノートに新聞の切り抜きによる料理が数多く掲載されている。「大根の葉でうまい支那料理」「野菜の佃煮」「これは珍味　秋ナス料理」「餡《あん》カケウドン」「中学生ト小学生ノオ弁当」「牛乳と玉子で手軽な飲み物」、「ドーナッツ」などさまざまである。各メディアの影響は、この時代にも大きく影響を与えたものと思われる。

料理講義録による通信教育

初期の通信教育

明治二十年（一八八七）の『成立学舎女子部講義録』第一号に掲載されている出版規則によれば、通学できない者のために講義録を月二回発行し、和洋礼式、文学、英文学、理学、心理学、衛生、家政、経済、割烹など女子教育に須要なる論説を掲載するとし、通信教育をはじめている。割烹の担当者は、赤堀峯吉《あかほりみねきち》、赤堀きく子とあり、「日本新調割烹法の手針」と題し、「御椀玉子どうふ薄葛引」と「ロースト」「甲州いも」の三種について作り方を述べているが、「ロース」は、説明ではどうも牛肉のステーキのようで、塩をふりバターまたは「牛油」で焼くとしている。いずれもきわめて簡単な記述である。一部以外のクラスを除き、満員につき当分入学を「謝絶ス」とあるために好評であったことが推察される。束修（入学金）五〇銭、月謝三〇銭であった。

このように、各種科目の講義を目的とした女子の通信教育は、明治後期には各種あったと思われる。たとえば日本女子大学校の『女子大学講義』による通信教育は、明治四十二年に創刊されたが、同時に月刊雑誌『家庭』が会員に配付された。料理部門は、日本女子大学校櫻楓会料理研究部が担当している。また、大日本通信高等女学校も明治四十一年頃に『高等女学校講義録』を発行して通信教育をおこない、実践《じっせん》女学校校長の下田歌子《しもだうたこ》が校長となっており、高等女学校の学科目が講義された。

料理講義録の発行

料理のみの通信教育は、明治三十五年六月に設立された「家庭割烹実習会」が比較的早い時期の通信教育であろう。会員制の通信教育の料理テキスト『家庭割烹講義録』を毎月発行している。発行者は、東京神田区市岡傳太とある。最初は料理講習会の講義録として分配するつもりで印刷したが、広告をしたところ思いがけなく講義録を購読する会員が集まり、全国各県だけでなく「台湾、香港、上海、朝鮮」にまで伝わったので、継続することになったという。

明治三十五年六月二十日付けの「開講につきて」によれば、家庭で割烹を「自修」する必要から、開講したとしている。三ページにわたるその内容をみると、この時期、家庭向けの料理を学ぶことが求められた様子がうかがえると同時に、家庭料理を学ぶことやその内容について批判的な考え方もあったことを知ることができる。

家庭には上中下あり、都市部と地方や家族の成員によってもその家庭の料理は異なり、当時、洋風料理の影響により、肉類など洋風食品が加わったことで調味への嗜好も変わり、調味の標準を示すことは困難であると述べている。

また、調理は「下等の婦女」に必要なものであるのに、「夫人令嬢」のみを対象に教えても家庭には何の益ももたらさないという批判があったことも伝えているが、「庖厨《ほうちゅう》は主婦の書斎なり」として、中流以上の家庭で、主婦が模範を示さなくては、家事の改良はおこなえず普及はしないと述べている。このことからも当時まだ使用人が食事を作っていたことがうかがえるとともに、中流以上の女性が料理を学ぶことに批判もあったことがわかる。

さらに、内容については、日常品ともいえない材料も多いが、いつも「ヒジキと油揚」のみでは講習の必要もないとし、講習は、日用の食味を豊かにするためのものであって、料理屋のものとは異なると主張している。安価なものばかりではなく「滋養多く佳味になす」ことが目的であるとも述べている。そのため、調味には、みりん、砂糖だけでなくバター、カレー粉、サラダ油なども使い方を学べば贅沢なものとはいえないとしている。そして、三度ならずともせめて夕飯だけでも家族で食卓を共にする家風をつくる必要があるとし、家庭の食に実益だけでなく、「清楽」を加え、将来社会改善の上でも役立つことを望むと、開講への並々ならぬ意欲を示している。

この講習会が中流以上の家庭を対象としていたことは、その料理内容からもうかがえるが、一週に一度は主婦が手を下して料理すべきとしている点からも明らかであろう。

講義録の料理内容

明治三十五年五月の「家庭割烹実習会規則」によれば、「本会は通信教授の方法をもつて割烹実習を講じ」とあり、「庖厨食物の改良」および「家庭の便益」をはかることを目的としている。

さらに、「本会に会員たらんとするものは男女を問はず又は学校、集会等の名義にても差支へなし」とある。最初は「女子に限る」としたようであるが、「男子の入会を求むるものあるを以て、男女を問はずと改正した」とする記述があることからみると、男性もこのような通信教育に関心があったといえる。後に示すように会員録から推察すると、男子会員もかなりに登る。

講習期間は六ヶ月で、毎月講義録が送られる。入会金は、二五銭、会費は月三〇銭である。前述した料理学校の入学金一円、授業料一ヶ月一円二〇銭（秋穂）などと比較すれば、経済的にみても通信教育は気楽に取り組みやすいものでもあった。「講義録」では、西洋料理も日本料理も朝、昼、晩三食の献立が紹介された後に、その作り方が解説されており、一日三食の日常食の食事が中心となっている。朝食の例を示すと次の通りである。

西洋割烹　朝食

ミルクトウス（焼パン）
フライドエッグス（玉子）
ビーフステーキ
ホイルポテトー
ドナス（菓子）注：ドーナツ
珈琲又は紅茶

以上

日本割烹

△向　木瓜《きゆうり》もみ　紫蘇《しそ》セン
△汁　蜆《しじみ》　水からし

茗荷《みょうが》セン　花かつほ
　　△香物　当座漬　　　　△飯
△高野豆腐　土佐煮

とりわけ、西洋料理は、日常の家庭の朝食とはいえず、他の料理書と比較しても、作り方はそれほどていねいともいえないが、こうした通信教育はその後も盛んになる。「会員書信」によると、日本料理はともかく、西洋料理は、地方では材料が手に入らず、作りたくてもできないという訴えが多い。いっぽうで、家で手作りすることで、家族が揃って食事する機会が増加し、家族団欒《らん》にもなるとする記事がみられ、家庭の食事への関心はいっそう強化されることになる。

講師には、日本料理は、共立女子職業学校の井上善兵衛とあり、西洋料理は宇野彌太郎《うのやたろう》（一八五九～一九二九）が中心になり、時々赤堀峯吉、四條《しじょう》流の緑川幸二郎、與兵衛鮨《よへえずし》主人小泉與兵衛などが関わっている。

同講義録の講師略歴によると、井上善兵衛は、天保九年（一八三八）生まれ、生間流庖《いかまりゅう》丁家の祖父善兵衛、父善右衛門の影響により、免許を受け京都に移転した。さらに、大阪、長崎に移り、明治十二年アメリカ大統領グラント将軍来遊の際、饗応の調理を担当してい

図30　宇野彌太郎（左）と井上善兵衛（右）

る。その後、東京に戻り、明治三十年に「新喜楽《しんきらく》」の料理を担った。翌明治三十一年には、共立女子職業学校の割烹教授となっている。

いっぽう、宇野彌太郎は、安政六年（一八五九）筑前《ちくぜん》博多の魚商の家に生まれ、故郷では吉松少佐なる人物について洋食調理を学んだようである。その後、長崎の「自由亭」で西洋料理を学び、井上善兵衛からも日本料理を学んだという。さらに、明治十四年以降、朝鮮、上海などだけでなく南米ブラジルにも出かけている。明治三十一年に外交官小村寿太郎《こむらじゅたろう》と出会い、小村の料理人だけでなく身の回りを引き受ける執事となり、外相官邸庖厨主任となった。

料理学校が開設した通信教育

手元にある明治三十五年四月の「大日本割烹学会趣旨」及び「会則」と入会申込書が一枚になった資料には、「女子に割烹の必用なるは、妻の一名を御台所《みだいどころ》と称する昔時《せきじ》の名称にても知られたり」とある。

四條流石井泰次郎が開設した通信教育である。対象として、ひとつには、市内及び各地女学校の割烹科学習生のため、ひとつは、各家の夫人の日用に供するために、多年実験、研究してきた「料理講義」により、日本料理、西洋料理、支那朝鮮料理の総菜向けになるものを実習し、材料の求め方、来客用の御馳走、祝儀の応用の学科では作り方だけでなく、礼式、儀式用水引結紙包方《みずひきむすびがみつつみかた》なども教授するとしている。

講義録は毎月一～二回発行、講習期間は二年としている。正科として食品吟味、諸菜切方、日用物菜、交際料理、茶事懐石《ちやじかいせき》、儀式料理、支那料理、西洋料理、参考科としては食堂心得諸礼法、料理雑話、付録として著余閑筆、料理質疑、料理通信がある。

入会金三〇銭、会費は一ヶ月二〇銭、三ヶ月前金五五銭、六ヶ月前金一円一〇銭、一ヶ年前金二円一五銭、全期前金四円六〇銭と記されている。家庭向けの食事に関心が寄せられる明治後期になると、料理学校などが増加するが、これらのほとんどは都市部につくられていたのと、先にみた通り授業料もかなり高かったので、そこに通えた人びとは限られたが、新しい料理を学びたいというニーズはあったとみえる。

女子を対象とした料理学校を明治十五年に開設した赤堀料理教場は、その後、教場を増やして発展したことは述べたが、明治四十年代はじめには、「赤堀教場通信教授部」を設置している。明治四十四年一月発行の『赤堀料理講義録　三』の「赤堀教場通信教授部規則」によれば、講義録は毎月一回十日に発行し、一年で修了するとある。会費は一ヶ月分三〇銭、一年で三円二四銭である。毎年夏期・冬期の二回赤堀教場において講習会を実施するとし、希望者の人数によっては地方に出張することもあると記している。また、同教場で実習試験に合格したものには卒業証書を与えるとしている。

講師は、赤堀家の峯吉、菊子、清子、美知子、そのほか、石井泰次郎の割烹学校で学び、日本女子大学で菊子から教えを受けた玉《たま》木《き》直《なお》（子）も名を連ねている。同じく日本女子大学校の手塚かね子、笹木幸子に加えて、当時東京女子高等師範学校教授で、のちに東京家政学院を創設する宮川寿美子、そのほか木村利根子、奥村繁次郎等が挙げられる。また、雑誌の巻末には、「当代理部取扱商品目録」とあり、シャンパン、ベルモット、ブランデー、葡萄酒などのアルコール飲料、かにやえびのボイルド製品（缶詰）、ソース類、カレーなどスパイス類、食器類、日本料理用具、西洋料理用具など実に数多くの多彩な通信販売リストがあると同時に、裁縫用具も通信販売で購入できた。

講義録の料理は、会席料理の饗応食、ボイルドキャベージ、ポークチャップ等洋風料理に続き、よせ鍋、納豆汁、むつの金柑《きんかん》あげ、イタリアンチッキン、芹菜炒肉《チンサイチヤオユー》など、さまざまな料理が分類なく続く。また、「裁縫科講義」の項も見られる。

東京割烹講習会の通信教育

明治後期から次々に誕生する料理講習会や料理研究会など通信教授を中心とする団体のなかでも東京割烹講習会は、明治四十二年から会員を広げただけでなく、大正期から昭和初期には『料理の秘伝』『精進《しようじん》料理法』『宇多式和洋家庭料理法』『羊豚料理』など料理書を刊行して発展している。明治四十二年の発行兼編集人は川口陟とあり、同講習会は東京市芝区白銀台町にあるが、翌年からは、場所は同じであるが、発行兼編集人が、北村住吉と代わっている。

川口については明確な資料はないが、北村については東京都公文書館にある大正二年（一九一三）北村の名前で出された「割烹学校設立」に関する申請書のなかにみられる。それによれば、東京割烹講習会は株式会社となっており、北村は取締役社長である。同会の附属帝国女子割烹学校を東京本郷区に設立する願い出の書類に北村の履歴書がつけられている。北村は、慶応三年（一八六七）六月五日生まれ、長崎の出身で明治十八年早稲田

図31　東京割烹講習会の講義録

大学を卒業し、明治四十二年まで日本郵船株式会社に勤務した後、同年東京割烹講習会を設立し、大正二年に、株式会社として社長となる。

同講習会の講師陣は、当時活躍中の専門家を頼み、充実させている。日本料理は、共立女子職業学校の井上善兵衛、宮内省大膳職庖司赤堀吉松、日本女子商業学校講師三枝富吉、西洋料理は櫻井女塾長櫻井ちか子、日本女子美術学校講師木村刀根子、日本女子商業学校講師池戸《いけど》鐵太郎《てつたろう》が担当。さらに支那料理は日本女子商業学校割烹部となっている。ほかにも季節珍料理や和洋菓子などもあった。講師は、翌年にはさらに、日本女子大学校手塚かね子、笹木幸子、凮月堂《ふうげつどう》割烹部技師長などが加わった。

さらに、明治四十四年の『家庭割烹講義録』には、顧問に大隈重信、楠本正敏《くすもとまさよし》貴族院議員、板垣退助《いたがきたいすけ》夫人絹子を会長とし、講師陣も石井泰次郎が加わるなどこの時代の政界、教育界、海軍などの関係者から賛助会員を集めている。

明治四十二年は、『実用割烹講義録』と題した講義録を九月から毎月発行し、修業期間は、一年間で終了としたが、翌年九月からは、六ヶ月を修業期間とした。期間ごとに『割烹講義録』『家庭割烹講義録』『家庭料理講義』など講義録の名称をかえて少なくとも大正十一年まで発行されている。

一年分の資料が残っている明治四十二年（一九〇九）『実用割烹講義録』には、第五号から会員名簿が巻末にある。これを集計してみると、会員の地域と男女のおよその比率がわかる。

集計の結果、会員の総数は一六四五人であった。会員は、全国に及ぶが、もっとも多いのが東京の二二〇人（約一三％）、次が大阪府の一四五人、兵庫県の一一四人で、比較的多いのが、福岡県（六六人）、山口県（六四人）、神奈川県（六四人）、北海道（六〇人）の各県と続き、すべての県に会員がいる。興味深いのは、韓国（一二〇人）、満洲、大連など（三九人）、台湾（一一人）、樺太（一人）と海外の会員も相当数いることである。
また、『実用割烹講義録』の名簿からはっきりと男性名とわかるものを挙げてみると、三八四人みられ、全体の二三％と、男性会員が比較的多いといえよう。男性名で会員となり、妻などに料理を学ばせようとしているのかもしれないが、後述する読書欄には、男性自ら講義録を利用して料理を作っている様子もみられるために、男性本人が学ぶために入会している場合もあったとみられる。また、旅館、病院、農園、商店、寺、補習学校、女子手芸学校なども会員になっており、料理を学ぼうとする人びとが、急速に増加している様子がうかがえる。

六ヶ月を修業期間とした明治四十三年九月からはじまった講義録は、『割烹講義録』の名で発行された。巻末の会員名簿からみると、会員は二〇〇〇名を超えていたようであるし、明治四十四年九月からは、『家庭割烹講義録』とその名称は変化し、五〇〇〇人近い会員数となる。さらに、賛助会員も内務大臣、文部大臣、司法大臣に加えて、女子高等師範学校長中川謙二郎、日本女子大学校長成瀬仁蔵《なるせじんぞう》も加わり、全国の新聞でも取り上げられている記事を掲載して、好評をアピールしている。明治四十三年の『割烹講義録』の内容見本では、「会員五万の多きに達しました」としている。これは累計だとしても誇張があるようだが、年々会員が増加していることは間違いない。

内容は、家庭割烹実習会の講義録より、わかりやすくなり、材料・分量のあとに作り方が書かれる今日に近い書き方があるものが多い。たとえばライスカレーを例にしてみよう。

ライスカレー

材料　肉（牛肉または鳥肉）一斤

人参　一本（中位）

玉葱　二個（中位）

馬鈴薯　二個

青豆　一合（干豆ならば水に漬けたもの）

ゆで玉子　三個

カレー粉　小匙二杯

うどん粉　大匙二杯

沸湯　大約六合

このあと作り方が続く。バターあるいはラードで肉などを炒めたあと、カレー粉を加え、馬鈴薯と豆を加えて煮たあと、ゆで卵を細かく刻み入れ、塩で味つけし好みにより醤油を加えても良いとしている。また、「季節毎日料理」と題した講義は、三食各一汁一〜二菜の献立を示し、各料理が簡単に示されている。朝食にふきのみそ汁と煎《い》り豆腐にみそ漬けなど、日常食として適当なものが多く実行可能な内容になっているのも好評の要因かもしれない。

このような通信教育を受講した人たちは、どの程度料理を習得できたのであろうか。いくつか投書をみてみたい。

「不出来ながら種々の料理を食膳に上《のぼ》す事の出来るようになり……」

「入会致し練習の結果、主人や老人達にもほめられる程になり……」

「貴会講義録は見本の諸新聞批評に違わず、これまでに無き実用的にして家庭に用いるに適し……」

「私は男子にて候えども生来料理を好み、料理書または雑誌にて研究致せしも何の得る甲斐なく失望せり……入会後講義録により実習致せし結果、大いに好成績をもって仕上がり……」

「他の料理法の書物と違い……私共一家の主婦としては誠に喜ばしき講義録……」

など、概ね好評の意見が多いが、中にはできあがりの料理を皿に盛った図を入れてほしい、晩酌料理などに重きを置き、年限も一年でも二年でももう少し長くしてほしいなどの要望もある。出版部からも賛辞ばかりでなく、実験上の新知識、失敗談などを寄せてほしいとの記事も出してはいるものの上記のような賛辞が続いている。

大正九年の講義録は『家庭料理講義』として刊行されている。ここで掲載されている規則は、修行期間を一年とし、卒業証書は二年間履修した会員に与えられると改訂されている。また、「手軽に出来る鮒の料理」「夏の野菜料理十六種」「七夕祭の御馳走」など基本的な料理以外の広がりがみられ、それに伴い講師も増加している。これまでの講師に加えて、高等女学校の割烹教科書を著した武藤じつ子、東京割烹女学校長秋穂益実、『最新麺《パ》麭《ン》製造法』を著し、丸十《まるじゅう》パンを開いた田邊《たなべ》玄平《げんぺい》などがいる。料理講習録ではあるが、附録的に「和洋裁縫要領」もある。しかし、それまであった読者欄などはなくなっている。

以上のような通信教育の隆盛は、費用の点でも料理学校などに通えない全国の人びとにとって「新しい文化」を取り入れる機会となり、新しい料理の技術を学び、それを家庭内に取り入れるきっかけともなったといえよう。

家庭料理はどう変わったか——エピローグ

これまで述べてきたように、明治後期、日常食への視点が少しずつ広がりをみせたことにより、ごはん炊きの技術だけでなく、おかずにバラエティーをもたらすために、煮物一辺倒ではなく、新しい技術を取得することが求められた。

異文化のアレンジ料理の定着

日常の食事は、ご飯を主食に、汁、おかず、漬物の基本的形をとりながら、おかずには、和風を中心にしながらも、時には洋風、中国風、あるいはそれらの折衷《せっちゅう》を取り入れることが求められるようになる。

それらの料理を日々こなすには、和食用の食器や調理道具だけでなく、フライパンや天《てん》火《ひ》などの洋風道具に洋食器を用意し、蒸籠《せいろ》など中国の蒸し器も使うといった他国には珍しいほどの家庭料理のパターンを作りあげてきた。それは何も近代だけのことではない。

本書の「あたらしい料理への目覚め」でも述べた通り、中国、ポルトガル、西欧などの文化を積極的に取り入れてきたが、それを定着させる過程で、日本の風土に合わせてアレンジし、独自の料理を工夫してきた。料理ばかりではない。中国、韓国では、現在も箸と匙を使っているが、そこを経て伝わったはずの箸と匙のうち、日本は、箸のみを選択した。それにより、汁碗を手に持って食す作法も定着したといえる。

近代以降、西洋料理の折衷化の試みにより、さまざまな独自の料理が生まれた。コロッケ、とんかつのようにパン粉をつけて揚げる料理は、調理法のイメージは洋風でも日本的料理といえる。コロッケは、じゃがいもが中心で俵型、ご飯のおかずに合うソースをかける。とんかつは、箸で食べられるようカットしてあり、西洋料理の肉料理なら温野菜が添えられるところに生のキャベツのせん切りを添え、とんかつソースがかかる点など、いずれもご飯のおかずに合うようアレンジされている。いっぽうで、肉じゃが、牛肉のすきやき、豚汁のように食材は外国に由来しているが、味付けは日本的な醬油を用いているため、江戸の昔から続いていた日本料理と思ってしまうような折衷もある。さらには、食堂などでハンバーグ定食、マーボー豆腐定食といったものがみられるが、日本の食事形式の基本形をとりながら、内容を洋風、中国風としている例ともいえ、現代にまで引き継がれているアレンジの形であるといえよう。これらのアレンジ料理は、最初は外食店や肉屋などで提供されたものであったが、次第に家庭料理としても定着していく。

都市の日常食

明治後期から家庭向けに各種料理を紹介し、その技術を伝授するために、料理学校、女子中等学校の調理実習、料理書、料理雑誌、通信教育などさまざまなところから情報が発信され、その内容についてはすでに述べた通りである。その結果、家庭の料理は変わったのかどうか、それを一九二〇〜三〇年頃に主婦であった人たちに聞き取りをした「日本の食生活全集」（全五〇巻）により、日常食を中心にみてみると、各地域とも「飯・汁・菜・漬物」が基本であるが、わずかに菜に洋風の料理を加えているのは都市部の家庭である。

たとえば東京日本橋人形町《にんぎょうちょう》の商家では、夕飯（冬）に、白飯、ぶり大根、シチュー、白菜漬を食べており、シチューは汁代わりで牛乳入り。洋食屋をまねておかみさんが作るという。また、同家では女学校の娘がお弁当を持っていくが、あんパン、サンドウイッチの時もあるという。そのほか昼ご飯は、白飯とコロッケ、キャベツ、しじみの味噌汁といった献立も多い。コロッケは肉屋で購入するが、ちょっと御馳走の時は揚げたてのカツを買ってくるという。せん切りキャベツも売っていた。

シチューは、家庭料理として都市部ではかなり定着していたのか、横浜のミッションスクールに通う家庭でも夕食には「お母さんの北海道仕込みのお得意料理」のシチューである。また、ゆで豚の料理、コロッケ、サンドウイッチも食卓に上る。父親の勤務先の関係で函館に住んでいた時習ったものだという。時にはアイスクリームフリーザーでお手製アイスクリームも作っている。

大阪の薬種《やくしゅ》問屋でも女学校に通う娘は、お弁当に女学校出入りのパン屋からクリームパンやあん入り揚げパンを購入している。女学生がパンを弁当に用いるのは一種の流行であった。女学校を卒業すると、花嫁学校に通い、ビーフステーキ、ビーフカツレツ、ハンバーグステーキを習い、家でもそれを作るようになった。氷入り冷蔵庫には、三ツ矢サイダー、ビール、カルピスなどが入っていたという。「お肉のぐちゃ炊き」は、薄切り牛肉とじゃがいもと玉葱《たまねぎ》を炊いたものでみんなが好きなおかずだったというが、今日の肉じゃがであろう。

船場の貿易商の家庭では、外国人が出入りすることもあり、家族の主人の朝食は、黒パン、卵、紅茶であるが、他はむぎご飯である。ここでもシチューが献立に登場している。月に一度はすき焼きが出る。

堺《さかい》の刃物鍛冶《かじ》の家庭では、一〇日に一度は何でもある町の店に買い物に行き、コロッケを買ってくることもあるが、父親にはカツレツを買うという。

大阪の新興住宅地には月給取りが多い。ある家庭での食事では、ほとんどは和食であるが、じゃがいも、人参、たまねぎと薄切り牛肉のカレーライスや「ビフカツ」、肉じゃが、肉団子なども時には食べている。神戸市の家庭もライスカレー、神戸牛のすきやきなどを時々食べている様子を知ることができる。

家族で出かける外食店

都市部で発展する外食店として百貨店の食堂があげられる。そこは主婦が子連れで安心して買い物ができる場所で、食堂では子どものためのメニューもつくられた。

『百貨店の誕生』（初田亨）によると、明治末期に呉服店から脱皮した百貨店に食堂が設置され、家族連れで訪れる楽しみの場所となった。関東大震災後に改修された東京三越《みつこし》の食堂は、子ども用の椅子が設置され、昭和二年（一九二七）には、地下室に一二〇席、六階に四〇〇席と増設された。そのメニューには御子様献立があり、御子様ランチ（三〇銭）、オムレツ（一五銭）、チキンライス（一五銭）、ハヤシライス（一五銭）、御子様弁当（三〇銭）、子供パン（一〇銭）などがあったという。都市部に限られるとはいえ、家族揃っての外食が少しずつ広まっている様子がうかがえる。

先に紹介した雑誌『料理の友』には、大阪の百貨店の食堂を「大阪大百貨店食堂巡礼」（一九二九）と題する連載記事で各食堂とそのメニューを紹介している。大丸《だいまる》食堂の例では、和食、支那、洋食があり、とくに支那料理に重きを置いているとあり、和食中《ちゅう》食八〇銭に対して、支那料理定食（三品・ご飯）一円、洋食は定食一円、大丸ランチ七〇銭、アラカルトもある。親子御飯（四〇銭）、江戸鮨（四五銭）、カレーライス（四〇銭）、チキンライス（四〇銭）などとある。

また、先の例に出てきた堺刃物鍛冶の家庭では、時には父親が化粧品会社に卸しに行く時、子どもを連れていって、帰りに阪急百貨店の食堂に出かけ、子どもはライスカレーを、父親はステーキを注文。また、別の時には「自由軒《じゆうけん》」という洋食屋に寄り、キャベツとフライポテト、「ビフカツ」を食べている。洋食は二五銭、ビフカツ、オムレツセットはコーヒーつきで三〇銭とのこと。都市部では、比較的安価な外食を楽しむことも時にはあり、その経験も家庭の料理を変化させることになったであろう。

東京の下町でも明治の終わり頃には、外食店から西洋料理を注文することもあり、鰻《うなぎ》の重箱を注文に子どもが使い走りをするといったこと、親と朝湯に連れて行ってもらった帰りにミルクホールに寄り、牛乳とパンで朝食をすませるといった暮らしもあった。また、一〇銭もらって活動写真を見に行き、なかでせんべいを二銭で食べ、帰りにかけそばと天ぷらそばを食べたといった子ども時代を過ごすなどさまざまな暮らしがみられる。

大正十二年の関東大震災を経験したあとは、防火を考えた建物ができたため、それまで家で作っていた天ぷら、コロッケなどを隣近所でおすそわけしていた習慣も、コロッケ屋などの商売ができて、次第に薄れていったという。また、昭和二、三年頃、木製の冷蔵庫が流行しはじめ、氷を一貫目入れると翌日朝までもったという。氷は一貫目五銭しなかったという。日常は、朝がみそ汁、おしんこ、昼が煮豆、精進揚《しょうじんあ》げを買ってきてひとつ一銭の精進揚げを従業員に五個ずつつけ、夜は切り身の魚五銭を煮たり焼いたり、たまに刺身を出すが、父親は近所の洋食屋から一五銭のカツを買ってきてもらうなど、商売をしている家では近所の洋食屋でとってしまうことが多く、家庭での料理の技術はそれほど必要とされなかったようである。

昭和十年前後の東京の食

昭和十年頃の東京下町では、家庭でのすきやきはまだまだ日常のものではなく、ライスカレーも先生の家に遊びに行った時の御馳走に出されるものだったという。

東京の中心街からやや離れた杉並、板橋、駒沢などはまだ農村地帯の残るところ。その農村調査の資料『東京市域内農家の生活様式』（一九三五）によると、大森地区では、日用品は付近の市場、行商人、ご用聞きなどから購入し、百貨店の利用は結婚式などの高級服の調達ではじめて行く程度だったという。水田の埋め立てなどにより、米を作るところが少なくなり米を購入する農家が増え、麦食もほとんどなくなっている。

このなかで、「農家で利用する西洋料理」についての調査がある。大森区の農家の調査では、時々講習会が開かれたため、ライスカレー、西洋料理、オムレツ、ハヤシライス、フライ、支那料理、トンカツ、コロッケ、サラダを食べる家が出ている。とくに、ライスカレーはかなりの家庭で食べている。

農家に最近入った飲食物は、ビール、サイダー、西洋料理、支那料理、牛乳、コーヒー、りんご、キャベツ、トマト、白菜などである。これらが導入されるようになったのは、①付近が住宅化されることにより、勤め人を対象にするご用聞きの影響があったこと、②付近に公私設市場が開設されたこと、③都市の人々を相手にそれまで食べなかったトマトなどの生産に従事するようになり、その残りを自宅用に利用するようになったこと、④さらに農家の娘が勤め人の家庭に見習い奉公に入って学び、持ち帰った西洋料理がある。⑤また、農業生産を縮小した農家の主婦が家事に時間を割けるようになったことも影響している。

他の地域もほぼ同様といえるが、麦飯が中心のところも多い。板橋、練馬、駒沢などではその割合はほぼ半々である。ライスカレー、カツレツなど洋食は、来客時や田植えなど忙しい時に用意するとあるが、料理屋から出前を取るということであろうか。江戸川地区では、西洋料理はほとんど食べず新しい食品はまだほとんどないところもある。

このように、都市部の周辺の農村部でも伝統的な食生活がベースとなっていることがわかる。ただ、昼飯、夕飯をみると、鯖《さば》の煮付け、鰯《いわし》の塩焼き、豚肉の鍋、キャベツの卵とじ、食品では、塩鮭、さんま、鰯、いか、干物、はんぺん、鶏卵、牛肉、豚肉などが使われ、それまでハレの食に多かった魚類や獣肉、卵などの動物性食品が日常食に定着しはじめているといえ、主食の飯にほとんどのエネルギーを依存していた時代から少しずつ脱皮しているといえよう。社会の変化とともに、これまでみてきた家庭料理へのさまざまな

「教育」が、少しずつ各家庭の日々の食事を変化させてきたことを示しているともいえる。

山村地域の食生活

日本が第二次世界大戦に参戦した昭和十六年に全国の山村漁村地域を聞き取り調査した内容をまとめた『日本の食文化　昭和初期・全国食事習俗の記録』によると、主な日常食材は、全国的にみて漁村以外は、野菜類が中心である。魚介類は、海から遠い山村では、川魚か塩鮭等塩もの類である。海魚を食べる地域もその多くが、鰯、鯖などでその頻度も週に一度は多い方で、一ヶ月四回程度のところがほとんどである。さらに、肉食では、兎を比較的多く食べているところがあるものの、牛肉は、岐阜（郡上《ぐじょう》郡）、京都（竹野郡）などでやや食べているが、食べないところが多い。豚肉を調査時点頃食べるようになったという地域は、愛知（東春日井郡）などで見られるが、一年で三、四回、来客用などがほとんどである。戦時という状況があるとはいえ、猪などは以前食べていたが最近は食べなくなったなどの記述もあり、さらに氏神様のある家は獣肉を食べない、一、十五、二十八日は食べないなど、まだまだ肉食に対するけがれの思想は消えていない地域もある。

このことからみると、明治後期以降、都市部の中流以上の家庭に新しい食材が入り、それを後押しする学校、料理書、雑誌、料理学校などによる「教育」が、和洋折衷料理を工夫し、主食に偏していた家庭料理に少しずつ副食を充実する動きがみられるが、それは都市部の状況であり、山村地域では、その変化は緩慢であったといえる。

家庭料理のゆくえ

全国的な規模で家庭料理がかわっていくのは、第二次世界大戦後の食糧難が解消され、より多くの食材が供給されるようになる一九六〇年代であろう。しかし、その時代は長くは続かなかった。日本型食生活とされた主食と副食のバランスがとれた家庭の食生活は、一九八〇年代前後までで、それ以降には、家庭の食生活は急速に変化した。

作って食べることより、作らないで食べる、外食や中食《なかしょく》（家庭外で調理された食品を購入し食べること）を多用した食生活を選択する人びとが多くなった。作る技術が失われ、生活習慣病の罹患《りかん》率も増加し、家族がそれぞれ好みのものを食べるようになった。

しかし、バブルの崩壊、さらに平成二十三年（二〇一一）三月十一日の東日本大震災の影響などから、ライフスタイルを見直そうとする動きもある。再び家庭料理とその技術を見直す動きが起こることを期待したい。見直すとは、元に戻ることとは異なる。今忘れていることを以前のことから学ぶこと、また以前の問題点を改める機会とすることでもあろう。

近代以降、急速に発展した家庭料理は、和食の伝統的基本形である「飯・汁・菜・漬物」と「お茶」を組み合わせたなかで、菜に和風、洋風、中国風とそれらの折衷料理で変化をつけ、バラエティーに富んだ内容にして発展させたともいえる。しかし、現在、その基本形が崩れ、ベースがみえなくなっているのではないか。そのことが混乱の要因かもしれない。

平成二十四年三月、日本は、「和食：伝統的日本の食文化」と題し、日本食文化をユネスコ無形文化遺産に登録申請した。その結果にかかわらず、これを契機に日本の家庭料理を中心にその歴史を見直し、今後の食生活に新たな道を見出すことは意味あることであろう。

あとがき

ずいぶん以前、私は、近代の学校教育における食教育の実態とその特徴を第二次大戦中の教育改革に視点を当てて調査し、それを『高等女学校における食物教育の形成と展開』（一九九八年）としてまとめたことがある。その後、学校以外の食教育にも関心をもち、生徒の日記やノートを新たにさがし、婦人雑誌や料理書などメディアの影響と家庭料理の関係を知る史料も少しずつ集めてきた。

料理書や雑誌の料理記事は、日記などとは異なり、そこに個人の思いは記述されていないのだが、読み進むうちに、当時の人々が伝えようとする声が聞こえる気がしてくる。それは不思議な感覚なのだが、史料に向かい合うと、それを通して当時の人々は確かに語りかけているのである。まして、雑誌の読書欄や日記などは、それを語っている人に出会っているような親しみを感じて、ついつい時間の経つのを忘れて耳を傾けてしまうのだ。いろいろな史料の魅力とそれを判読する力不足もあり時間ばかりが過ぎていき、その間別の著作や勤務先の大学改組に関わって多忙を極めるなど、なかなかまとめる機会をもてなかった。そんな時、吉川弘文館の一寸木《ますき》紀夫氏から、家庭料理に視点を当てたテーマでの執筆のお誘いをいただいた。改めて集めた史料を見直し、さらに新たな史料を探すことになった。それはワクワクする作業でもあったが、まとめることは、もちろん簡単ではなく思いがけなく時間を要した。

現在、家庭料理は大きく変化し、基本的な調理技術も低下したといわれている。もちろんベテラン主婦もいるが、学生たちに通じない言葉は多くなった。「汁を張るのは少し待つように」と言ったのを「シールを貼るのは少し待つように」ととった笑えない話もある。沸騰の状態が判断できないために、沸騰して入れるといっても生ぬるいお湯にほうれん草を入れてしまう、「ひたひたの水」と説明してもたっぷりの水を入れるなど、言葉も加減もわからず、通じる言葉を探すことがしばしばだった。それだけ日常での調理経験が少なくなっているということであろう。

かつて私は、体験を通した伝統的な調理と現在主流である分量・加熱時間・温度などすべてを数値化して正確に調理する方法の両方を試したことがある。後者は、失敗が少ないようにみえる。しかし、経験の少ない学生たちは、応用がきかず、一部の分量を変えるとお手上げということも多く、テキストがなければ不安を抱く。前者の方法は、時に失敗もあるが、繰り返しの体験により、応用力もつき、本人たちが自信を持ち、その後のモチベーションは高い傾向が見られた。

本書では、近代以降に実施された各種の家庭料理の教授法の評価を明確にしていない。また、和風・洋風・中国風料理やその折衷料理を組み合わせて多様な料理を提案してきたことにも、特別なコメントをしていない。現代への影響について、十分調査が出来ていないからでもある。必ずしもプラスの評価ばかりではないと思いつつ課題として残しておく。

本書の完成まで辛抱強くお待ちいただき、適切なご助言もいただいた一寸木氏に感謝の意を表したい。編集を担当いただいた並木隆氏には、今回だけでなく大変お世話になった。深く感謝したい。また、かつて東京家政学院大学の研究室で討議し、共に史料探しをした卒業生の諸姉からも多くのことを学ばせていただいた。本書はそれらの成果でもある。

二〇一二年八月

江原絢子

参考文献（五十音順、重複を避けるため初出のみ掲載した）

●プロローグ
江原絢子・東四柳祥子『近代料理書の世界』ドメス出版　二〇〇八年
江原絢子・石川尚子・東四柳祥子『日本食物史』吉川弘文館　二〇〇九年
林　英夫「単身赴任下級武士の幕末「江戸日記」」『地図で見る新宿区の移り変わり─四谷編』東京都新宿区教育委員会　一九八三年

●新しい料理への目覚め
アーネスト・サトウ著・坂田精一訳『一外交官の見た明治維新』上・下　岩波書店　一九六〇年
仮名垣魯文『牛店雑談　安愚楽鍋』須原屋他　一八七一～七二年
鬼頭　宏「明治前期の主食構成とその地域パターン」『上智経済論集』第三一巻第二号　一九八六年
敬学堂主人『西洋料理指南』上・下　雁金屋清吉　一八七二年
小林重喜『明治の東京生活　女性の書いた明治の日記』角川書店　一九九一年
小林又七『軍隊料理法』川流堂　一九一〇年
ゴンチャロフ著・井上満訳『日本渡航記』岩波書店　一九四一年
司馬江漢著・芳賀徹・太田理恵子訳注『江漢西遊日記』平凡社　一九八六年

篠田鉱造『増補　幕末百話』岩波書店　一九九六年
鈴木棠三・小池章太郎編『藤岡屋日記』第一四巻　三一書房　一九九四
瀬間　喬『日本海軍食生活史話』海援舎　一九八五年
大日本農会『農事統計表』大日本農会　一八八六年
豊川裕之・金子俊解説『日本近代の食事調査資料　第一巻明治編　日本の食文化』全国食糧振興会　一九八八年
中西遼太郎「明治末期茨城県下町村の食物消費量―町村是の分析を通して―」『人文地理』第三八巻第五号　一九八六年
中野卓編『明治四十三年京都　ある商家の若妻の日記』新曜社　一九八一年
西山保吉『海軍割烹術参考書』舞鶴海兵団　一九〇八年（翻刻版　イプシロン出版企画　二〇〇七年）
農　務　局『第二次農務統計表』農務局　一八八一年
野本京子「食生活」『日本村落史講座　生活―近現代―』雄山閣出版　一九九一年
服部誠一『東京新繁昌記』一九二五『近代日本地誌叢書』東京編⑯龍渓書舎　一九九二年
平出鏗二郎『東京風俗志』八坂書房　一九九一年
藤村棟太郎『家庭実用野菜果物料理法』大学館　一九〇五年
藤本浩之輔『聞き書き　明治の子ども　遊びと暮らし』SBB出版会　一九八六年
M・Cペリー著・木原悦子訳『ペリー提督日本遠征日記』小学館　一九九六年
松本良順『養生法』一八六四年

横浜市文化財研究調査会編『関口日記』第一六〜二三巻　横浜市教育委員会　一九八〇〜八四年

●料理教室・料理学校の誕生と発展

赤堀峯翁・赤堀峯吉・赤堀菊子『家庭十二ヶ月料理法』上・下　大倉書店　一九〇四年
赤堀峯吉・安西こま子『治庖会　日本料理法』大倉書店　一九〇二年
秋穂益実『家庭宝典　和洋割烹法』有斐閣　一九〇六年
秋穂益実『家庭和洋保健食料　三食献立及料理法』東京割烹女学校出版部　一九一五年
石井治兵衛『日本料理法大全』博文館　一八九八年
石井泰次郎『四季料理』（家庭百科全書第二編）博文館　一九〇七年
石井泰次郎「石井泰次郎日記」（仮題）慶応大学魚菜文庫所蔵
出雲明『指南庖丁』赤堀学園出版局　一九六三年
市岡傳太編『家庭割烹講義録』家庭割烹講習会　一九〇三年
今井美樹『近代日本の民間の調理教育とジェンダー』ドメス出版　二〇一二年
江原絢子・東四柳祥子『日本の食文化史年表』吉川弘文館　二〇一一年
小川煙村編『月刊食道楽』第一〜三巻　有楽社　一九〇五〜〇七年（復製版　五月書房　一九八四年）
嘉悦孝子口述・鞆津朝雄『総菜料理のおけいこ』宝永館　一九〇七年
川崎衿子『蒔かれた「西洋の種」』ドメス出版　二〇〇二年
木本勝太郎編『遊学案内　東京の女学校』金港堂書籍　一九〇三年

共立女子大学『共立女子学園百年史』共立女子大学　一九八六年
C・ホイットニー著・一又民子他訳『勝海舟の嫁　クララの明治日記』中央公論社　一九九六年
小林陽子「成瀬仁蔵の蔵書調査―旧成瀬仁蔵宅と関連人物を中心に―」『地域学論集』第二巻第二号　二〇〇五年
私立東京割烹女学校「私立東京割烹女学校設立認可申請」一九〇七年　東京都公文書館所蔵
女子美術学校「学則改定ニツキ開申」一九〇九年　東京都公文書館所蔵
角谷三郎編『愛はいつまでも　ビンフォルド先生日本伝道四十年』一九四九年
東京割烹講習会「株式会社東京割烹講習会附属　私立帝国女子割烹学校」一九一三年　東京都公文書館所蔵
日本女子大学編『日本女子大学学園事典　創立100年の軌跡』日本女子大学　二〇〇一年
ボーカス『常盤西洋料理』常盤社　一九〇四年
ミスクラ、・ホイットニー著・皿城キン訳『手軽西洋料理　完』江藤義資　一八八五年

●女学校の調理教育

朝枝一二枝「実習プリント」（島根県益田高等女学校生徒）一九三一年
宇都宮高等女学校「昭和七年度女子師範高等女学校部会」宇都宮女子高等学校所蔵
江原絢子『高等女学校における食物教育の形成と展開』雄山閣出版　一九九八年
片山富美子「割烹ノート」（東京女子高等師範学校附属高等女学校生徒）一九三〇～三一年

北川しげ「日記」（広島県立広島高等女学校生徒）一九〇七〜一一年
北村すゑ『現代割烹教科書』一九二九年
喜多見佐喜『割烹教科書』心得の部・実習の部　実業教科研究組合　一九〇八年
群馬県立桐生高等女学校『割烹教授要項』群馬県立桐生高等女学校　一九三二年
群馬県立沼田女子高等学校創立50周年記念誌編集委員会『沼女五十年』群馬県立沼田女子高等学校　一九七二年
高知県尋常中学校女子部編『割烹受業日誌』第一輯　田所富世　一八九二年
高知県尋常中学校女子部編『割烹受業日誌』第二輯　西野たつ　一園とよ　一八九三年
郡敏子・鉄谷初江『割烹実習書』大阪宝文館　一九三五年
小平ふみ「家事実習ノート」（群馬県立前橋高等女学校生徒）一九一七〜一八年
近藤耕蔵『新編家事教科書』光風館書店　一九二七年
近藤耕蔵「女学校における食物教育」『食物講座』第一四巻　雄山閣　一九三七年
女子高等師範学校「公私立高等女学校要項取調　明治廿六年十二月現在」女子高等師範学校　一八九四年
中田松次郎『家事科用割烹教本　全』小田和助　一九一一年
原農工補習学校中新田女子部「割烹講習録」一九一六年
前橋女子高等学校『六十年史』上　前橋女子高等学校　一九七三年
松井きみよ「割烹ノート」（東京府立第五高等女学校生徒）一九三四〜三五年
盛岡高等女学校内補習学校生『単位式献立実習記録』一九三二年

●料理書と雑誌による料理のひろがり

川口陟編『実用割烹講義録』一〜一二　家庭割烹講習会　一九〇九年

北村住吉編『家庭割烹講義録』第一〜六　一九一一〜一二年

下田歌子『料理手引草』（家庭文庫第四編）博文館　一八九八年

尚絅学園編『尚絅七十年史』尚絅学園　一九六〇年

筑山順子『家庭実用最新和漢洋料理法』長崎次郎　一九〇三年

大日本割烹学会「主任割烹学校創立者　石井泰次郎料理講義録　掲載学科」大日本割烹学会一九〇二年

大日本割烹学会「大日本割烹学会趣旨」大日本割烹学会　一九〇二年

中井治平編『赤堀料理講義録三』赤堀料理教場　一九一一年

村田三郎編『美味営養経済的　家庭料理日々の献立其調理法』文録社　一九二四年

横井玉子『家庭料理法　全』冨山房　一九〇三年

編者不記『内務省栄養研究所献立　毎日のお台所』三誠堂　一九二三年

●エピローグ

成城大学民俗学研究所編『日本の食文化―昭和初期・全国食事習俗の記録―』岩崎美術社　一九九〇年

帝国農会編『東京市農業に関する調査第壱輯　東京市域内農家の生活様式』帝国農会　一九三五年

農山漁村文化協会『日本の食生活全集』全五〇巻　農山漁村文化協会　一九八四〜九三年

著者紹介

一九四三年　島根県に生まれる

一九六六年　お茶の水女子大学家政学部食物学科卒業

東京家政学院大学家政学部教授を経て、現在、同大学名誉教授、博士（教育学）

主要著書

『近代料理書の世界』（共著、ドメス出版、二〇〇八年）

『日本食物史』（共著、吉川弘文館、二〇〇九年）

『日本食文化史年表』（共編、吉川弘文館、二〇一一年）

歴史文化ライブラリー
356

家庭料理の近代

二〇一二年（平成二十四）十一月一日　第一刷発行

著　者　江《え》原《はら》絢《あや》子《こ》

発行者　前田求恭

発行所　株式会社　吉川弘文館

東京都文京区本郷七丁目二番八号

郵便番号一一三―〇〇三三

電話〇三―三八一三―九一五一〈代表〉

振替口座〇〇一〇〇―五―二四四

http://www.yoshikawa-k.co.jp/

印刷＝株式会社 平文社

製本＝ナショナル製本協同組合

装幀＝清水良洋・星野槙子

歴史文化ライブラリー

1996.10

刊行のことば

現今の日本および国際社会は、さまざまな面で大変動の時代を迎えておりますが、近づきつつある二十一世紀は人類史の到達点として、物質的な繁栄のみならず文化や自然・社会環境を謳歌できる平和な社会でなければなりません。しかしながら高度成長・技術革新にともなう急激な変貌は「自己本位な刹那主義」の風潮を生みだし、先人が築いてきた歴史や文化に学ぶ余裕もなく、いまだ明るい人類の将来が展望できていないようにも見えます。このような状況を踏まえ、よりよい二十一世紀社会を築くために、人類誕生から現在に至る「人類の遺産・教訓」としてのあらゆる分野の歴史と文化を「歴史文化ライブラリー」として刊行することといたしました。

小社は、安政四年（一八五七）の創業以来、一貫して歴史学を中心とした専門出版社として書籍を刊行しつづけてまいりました。その経験を生かし、学問成果にもとづいた本叢書を刊行し社会的要請に応えて行きたいと考えております。

現代は、マスメディアが発達した高度情報化社会といわれますが、私どもはあくまでも活字を主体とした出版こそ、ものの本質を考える基礎と信じ、本叢書をとおして社会に訴えてまいりたいと思います。これから生まれでる一冊一冊が、それぞれの読者を知的冒険の旅へと誘い、希望に満ちた人類の未来を構築する糧となれば幸いです。

吉川弘文館

〈オンデマンド版〉
家庭料理の近代

On Demand
歴史文化ライブラリー
356

2021年（令和3）10月1日　発行

著　者　江《え》原《はら》絢《あや》子《こ》
発行者　吉川道郎
発行所　株式会社　吉川弘文館
〒113-0033　東京都文京区本郷7丁目2番8号
TEL　03-3813-9151〈代表〉
URL　http://www.yoshikawa-k.co.jp/

印刷・製本　大日本印刷株式会社
装　幀　清水良洋・宮崎萌美

江原絢子（1943～）

ISBN978-4-642-75756-0